検証

介護保険施行20年

介護保障は達成できたのか

芝田 英昭 編著

Shibata Hideaki

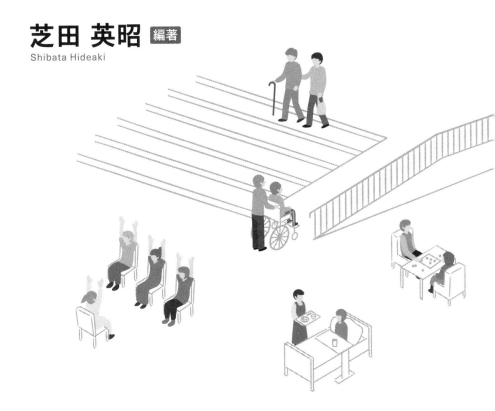

自治体研究社

プロローグ

　今年は、介護保険が施行されて 20 年の節目である。介護保険が当初目的とした「社会的入院の解消」、「介護の社会化」、「介護離職の解消」等は達成できたのであろうか。その答えは本文で詳述する。

　公式には、1995 年に政府により介護保険構想が発表され、1997 年の国会において可決・成立した。ドイツが、20 年公開で議論したのに比べれば、わずか 2 年で制度創設を成し遂げた日本は、国民と十分に議論をしたのかとの誹りは免れない。1980 年代以降の新自由主義路線のもと、生存権・生活権を守る要であるはずの社会保障が、自己責任論が渦巻くなか、改悪、市場化・営利化されてきた。もちろん、介護保険もその埒外ではなかった。

　以下は、本書の概要である。講読の際の参考とされたい。

　本書は、3 部構成とし、I 部では、介護保険の変容を制度や高齢者がおかれている現状から分析した。

　第 1 章では、介護保険が抱える課題を、憲法との関わり、必要即応の原則が働かない矛盾点、健康自己責任論、市場化との観点で分析し、介護保障の将来像を描く際の論点を整理した。

　第 2 章では、介護問題は重要であるが、介護保険のみによって高齢者の生活全体が保障されるわけではないとの視点から、施行 20 年の介護保険が高齢者福祉にどのような影響を与えたのかを検討した。

　第 3 章では、介護保険で必要なサービス受給ができるのか、家族の介護負担は軽減されたのか、ケアマネジメントは機能しているのか、介護サービス提供事業所経営と介護職の充足は進んだのか、保険者機能と介護保険財源に関して検証し課題を整理した。

第4章では、介護を担う人材（労働者、家族等）をめぐる政策動向に着目し、介護保険施行20年の歴史を振り返り、市場化・営利化路線の下で今日の介護現場の深刻な人材不足が作出・助長されてきた経緯について総括した。

　第5章では、介護保険の根本的な欠陥である財政構造と保険料問題について俯瞰した上で、介護保険施行20年が市町村（保険者）に何をもたらしたかについて介護保険財政、給付抑制、総合事業を中心に概説した。

　Ⅱ部では、わが国の介護保障にとって、ドイツと韓国の介護保険制度の変遷から何が学べるのかを論じた。

　第6章では、ドイツの介護保険の概要と現状を詳述し、制度発足以来の改革の展開、および、現在着手されている改革について論じ、日本への示唆も記述した。

　第7章では、韓国の老人長期療養保険制度導入の背景やその変遷を俯瞰し、問題点を明らかにし、国民が望む老人長期療養保険制度へ向けて、介護労働者の専門性の見直し処遇改善の必要性を提起した。

　Ⅲ部では、介護保険利用当事者、及び介護労働者から介護保険が抱える課題を提起した。

　第8章では、「認知症の人と家族の会」創設40周年の歴史のなかで、後半の20年が介護保険の充実を願い、また介護保険の後退を押し留めてきた軌跡を辿り、当事者・利用者の立場から、日本国憲法下の社会保障理念を実現する介護制度を求める運動の重要性を指摘した。

　第9章では、今日の介護現場が、労働基準法が謳う最低基準さえ守られていない最悪の労働環境であることが、「介護保険制度」に起因するとして国を訴えた裁判の原告が在宅介護現場から実態を報告した。

　本書は、6人の研究者、当事者や介護労働者3人が、事前に意見交換会を設定し十分に議論をした上で執筆に入った。しかし、各章で論じられた将来展望に関しては意思統一を図ったものではなく、あくま

でも個人の意見を述べたものであることをご理解いただきたい。また、読者にとって、本書が権利としての社会保障視点からみた「介護保障とは何か」を考える一助となることを期待したい。

2020 年 11 月 1 日
コロナ禍で学生のいない立教大学新座キャンパスにて

編著者：芝田英昭

Ⅰ部

介護保険施行 20 年—その変容と課題

第1章

介護保険の根源的な矛盾と
将来像に対する視点

芝田英昭

はじめに

　前首相・安倍晋三が2020年8月28日病気を理由に辞任表明、その後9月14日に菅義偉(すがよしひで)が自由民主党総裁選で圧勝。9月16日には首相指名選挙が実施され、第99代首相に選出された。

　菅は、9月5日自身のブログに自民党総裁選の政策を「『自助・共助・公助』で信頼される国づくり」だと掲げた。また、基本政策は前安倍政権を継承するとも述べたことから、社会保障における国のスタンスは変更ないと考えられる。

　菅が言う「自助・共助・公助」の組み合わせに関して、政府文書で公式に言及されたのは、2006年度版厚生労働白書である。「我が国の社会保障は、自助、共助、公助の組み合わせにより形成されている。もとより、人は働いて生活の糧を得、その健康を自ら維持していこうと思うことを出発点とする。このような自助を基本に、これを補完するものとして社会保険制度など生活のリスクを相互に分散する共助があり、その上で自助や共助では対応できない困窮などの状況に対し、所得や生活水準、家庭状況などの受給要件を定めた上で必要な生活保障を行う公助がある」とし、その後、政府は社会保障を「自助・共助・

15

公助」の三層構造で説明することが多くなった。

　しかし、この説明では、公助は、社会福祉（生活困窮者支援、生活保護を含む）を意味すると想定され、公的責任が及ぶ範囲は「公助」だけとなる。ここで、いわゆる社会保険を意味する「共助」は、国民が「生活のリスクを相互に分散する」ものとして国民の相互扶助と位置づけ、あえて公的責任を捨象している。この点は、1990年代以降の医療保険や年金制度、2000年代以降の介護保険における保険料の増率・増額や、一部負担増の方向性からも理解でき、すでに公的責任が明確な社会保険を私的保険化する流れは出てきていたといえる。

　菅は、「自助・共助・公助」とのマジックワードを使用することで、社会保障における公的責任を矮小化する方向を明確にしており、人権としての社会保障の視点が微塵も感じられない。その意味では前安倍政権下の全世代型社会保障改革を継承している。

　さて、介護保険は施行20年を迎えたが、望む者すべてが十分サービスを受けられる制度へと変化を遂げたのであろうか、はたまた当初からの構造的矛盾を継承し、国民要求とかけ離れた制度へと変容したのであろうか。本章では、介護保険が抱える根源的な矛盾や課題を明らかにし、介護保障の将来への展望を述べる。

1　介護保険の構造的矛盾の正体

　同様の社会保険方式を採用する医療保険は、基本は現物給付方式（療養の給付）で、個々の患者の必要に即し医師・医療機関の適切な判断（予見性を基に裁量権を発揮）で医療行為が実施され、「必要即応の原則」が働く。しかし、介護保険は金銭給付方式[1)]で、要介護認定により区分毎のサービス費用の上限設定をしていることから、当初より利用者の需要を満たす仕組みではなかった。

　介護保険は、金銭給付方式を採用したことで、日本国憲法89条の

公金支出禁止条項をすり抜ける手法を講じ、株式会社の大量参入を許した。憲法89条は、「公の支配に属しない（公的でない）慈善、教育若しくは博愛の事業（憲法公布時は、慈善・博愛事業は医療や福祉事業と理解された）に対し」公金支出を禁止していることから、営利を目的とする医療機関や福祉施設による事業には公金が投入できないというものである。例えば、医療機関は、国公立、医療法人等が経営し「公の支配に属する事業」だけであり、公金（診療報酬等）を投入しても憲法89条違反とはならない。また、社会福祉事業においても、国公立、社会福祉法人等であれば「公の支配に属する事業」であることから、公金の投入は許される。しかし、株式会社が行う事業は、営利なものであり「公の支配に属しない事業」になることから、それらへの公金支出は許されないと解釈するのが一般的である。

　ところが、介護保険は、法律上利用者本人に保険財政から金銭給付（通常は9割分）を行い、利用者本人が一部負担を加算し全費用を介護サービス購入に充てる仕組みであり、憲法89条違反とはならない。憲法89条の対象は「事業」で、個人への給付に対する公金支出は禁じていない。例えば、生活保護、児童手当、年金等は個人（家族を含む）に給付することから、公金支出禁止条項違反とはならない。

　また、介護保険は形式上「事業者が公金（介護報酬）を受領する」形態をとっていることから、医療保険と同じ仕組みのように理解されがちであるが、この介護保険独特の仕組みを「代理受領方式[2]」と呼ぶ。きわめて複雑な仕組みを採用しているが、要は介護保険が多様な供給主体、特に株式会社の参入を拡大することを目的としたためである[3]。結果的にはその思惑通りに参入は拡大したが、国民の生命・生活にかかわる分野に利益追求を第一義にした株式会社が参入したことで、「参入と撤退の自由」が許される株式会社は、利益が出なければいつでも容易に事業を放棄し、利用者は取り残される実態も明らかとなった[4]。

　また、介護給付を金銭給付方式の下で給付費用の2分の1を保険料

で賄うことから、高齢化で需要が増すと、それに連動し必然的に保険料が上昇する仕組みである。当然、急激な保険料高騰を抑えるとの口実の下、需要抑制が計られる。この間、施設入所者を原則要介護3以上に限定、また要支援1・2の訪問介護・通所介護を介護保険給付から外し自治体の「介護予防・日常生活支援総合事業」に組み入れている。

　このような保険料高騰と需要抑制は、いまだに改善されていない。

2　介護保険は社会福祉市場化の起爆剤

1)　健康自己責任論が渦巻く日本

　2020年1月に発表された2018年版国民健康・栄養基礎調査（表1－1）は、所得と生活習慣、健康維持等が密接に関わる事実を示した。つまり、所得が低いほど、健康維持や生活習慣の意識・行動変容が難しいことを如実に語っている。

　例えば、野菜の摂取量は、所得が高くなるに従って多くなり、その傾向は男性が顕著である。興味深いのは、1日の平均歩数で、一般的には比較的安定した職業に就きデスクワーク中心の方が所得が高く、現場で働くことが多い方が所得が低いと思われる。当然デスクワークを中心とする方の職場での歩数は少ないと考えられ、所得が高くなるほど平均歩数は下がると思われがちである。実際は、所得が高いことによって、健康に関する意識も高くなり、電車で通勤の場合、敢えて一つ前の駅で降りて歩いたり、エスカレーターを使用せず階段を昇降するなど行動変容に務めることが可能となる。

　喫煙に関しても、極めて所得と連動していることがみて取れる。特に女性では、所得200万円未満と600万円以上では、喫煙率が半減している。これも高所得が健康意識の醸成につながっている証といえる。

　健康診断も所得との関連性をよく表している。雇用主は、被用者に対して定期健康診断を行わなければならないと法定されているが、一

表 1-1　所得と生活習慣に関する状況（20 歳以上）

項　目		200 万円未満	200 万円以上 400 万円未満	400 万円以上 600 万円未満	600 万円以上
野菜摂取量の平均値 （1 日）	男	253.9g	271.2g	301.2g	296.6g
	女	266.6g	264.4g	283.7g	278.5g
1 日の平均歩数	男	5,327 歩	6,751 歩	7,243 歩	7,015 歩
	女	5,685 歩	5,897 歩	5,779 歩	6,373 歩
習慣的喫煙者の割合	男	34.3%	32.9%	29.4%	27.3%
	女	13.7%	9.6%	6.6%	6.5%
健康診断未受診者の 割合	男	40.7%	29.8%	19.2%	16.7%
	女	41.1%	34.2%	36.8%	26.1%
歯の本数 20 本未満 の者の割合	男	30.2%	24.0%	21.3%	18.9%
	女	29.8%	22.2%	16.6%	21.6%

出典：厚生労働省健康局健康課『平成 30 年（2018 年）国民健康・栄養調査結果の概要』2020
年 1 月 14 日、p.6 より筆者作成。

部の非正規労働者は、その対象から外れる場合がある。男女とも、所得 200 万円未満では、健康診断未受診割合が 4 割を超えている。低所得に「非正規労働者」が多いことを表しているといえよう。また、歯の本数も所得に連動していることが理解できる。

　これらのことからも、健康は、本人が置かれている社会的立場、職業、所得と密接に関わり、個人責任で解決できない問題だといえる。

　新型コロナウイルスによる緊急事態宣言解除後、特に 7 月中旬以降感染者が急増している。また、これに伴いコロナ失職といわれる人も増えているのが実情である。厚生労働省の統計では、コロナ失職者は2020 年 4 月末までが 4000 人程度であったが、5 月 21 日には 1 万人、7月 1 日には 3 万人、9 月 23 日にはついに 6 万人を超えた。

　新型コロナウイルス感染者やコロナ失業者が増えるなかで、感染者に対する誹謗中傷も相次いでいる[5]。また、都市部でのクラスターが、いくつかの夜間の飲食店で発生したことから、「夜の街」での感染が注目され、ネット上では特定の業種（特に風俗店）を標的にバッシング

が続いている。

　この行為の根底には、何があるのだろうか。日本では個人の行動が「感染を招いた」とする「自己責任論」が蔓延しているのではないだろうか。その論拠となるのが大阪大学教授三浦麻子らによる調査である。

　調査では、各国500人前後の者に、「感染する人は自業自得だと思うか」と質問したところ、「どちらかといえばそう思う」、「ややそう思う」、「非常にそう思う」の合計が、アメリカ1%、イギリス1.49%、イタリア2.51%、中国4.83%であったのに対し、日本は11.5%と突出していた。また、「自業自得だとは全く思わない」と回答したのは、日本以外の4カ国が60〜70%台であったが、日本は29.25%にとどまっていた。三浦らは、この調査から日本が他の国より「新型コロナウイルスに感染するのは自己責任」と考える者が多いことが分かった、としている[6]。

　日本では、感染症に限らず疾病一般、健康の維持・増進は自己責任と考える者が多い。例えば2003年の刀川眞・内藤孝一による調査では、約6割、また2016年の三澤一平の調査でも、約4割が健康は自己責任と回答している[7]。

　感染や健康は、自己責任論で片付けられるのであろうか。社会疫学の権威とされるハーバード大学教授カワチ・イチローは、「経済的な事情などで健康行動をとることが難しいような人に対して健康情報をいくら提供しても、行動変容にはつながらない。さらに個人レベルのリスクに着目するアプローチは、個人の努力で変容することができない行動までも『自己責任』としてしまう可能性がある」[8]と指摘している。

　介護保険においても、自己責任論がその根本原理とも受け取れる条文が存在する。4条において「**国民は、自ら要介護状態となることを予防するため、加齢に伴って生ずる心身の変化を自覚して常に健康の保持増進に努めるとともに、要介護状態となった場合においても、進**

資料 1-1　老人福祉法 1990 年改正前条文

3条
　1項：老人は、高齢に伴って生ずる心身の変化を自覚して、常に心身の健康を保持
　　　し、その知識と経験を社会に役立たせるように努めるものとする。
　2項：老人は、その希望と能力に応じ、適当な仕事に従事する機会その他社会的活
　　　動に参与する機会を与えられるものとする。

出典：1990 年 5 月改正前条文。

資料 1-2　老人福祉法 1990 年改正後条文

3条
　1項：老人は、高齢に伴って生ずる心身お変化を自覚して、常に心身の健康を保持
　　　し、又は、その知識と経験を活用して、社会的活動に参加するように努める
　　　ものとする。
　2項：老人は、その希望と能力に応じ、適当な仕事に従事する機会その他社会的活
　　　動に参加する機会を与えられるものとする。

出典：1990 年 5 月改正前条文。

んでリハビリテーションその他の適切な保健医療サービス及び福祉サービスを利用することにより、**その有する能力の維持向上に努める**ものとする」として「国民の努力及び義務」が示され、その努力を怠らないよう法的に圧力をかけている。

　1990 年 5 月には老人福祉法が改正され（**資料 1-1、1-2**）、自己責任とともに高齢者の社会参加を努力義務としている。具体的には、3条 1 項条文が改正前は、高齢者の知識と経験を「社会に役立たせる」として極めて主観的表現に抑えていた。しかし、改正後は、「活用して、社会的活動に参加する」として具体的に活動への参加を強いている。

　また同条 2 項では、改正前は、社会的活動に「**参与する**」となっていたが、改正後「**参加する**」に変更されている。一般的に市井で使用する場合、「参与」、「参加」もほぼ同じ意味合いで使用されている。しかし、法や行政で使用される場合は、関わる度合いがかなり違う言葉であることに注意しなければならない。

　「参与」は、補助的に関わる、あるいは相談に乗るとの意味。「参加」

は、具体的、主体的に加わることであり、参加を強制する方向に舵を取ったといえる。

2) 介護保険市場化とその矛盾

経済産業省は、2016 年のヘルスケア産業の市場規模（**図 1 - 1**）は約 25 兆円で、2025 年には約 33 兆円になると推計している。

また、総務省は、2012 年度時点での労働力上位 4 産業のうち 2030

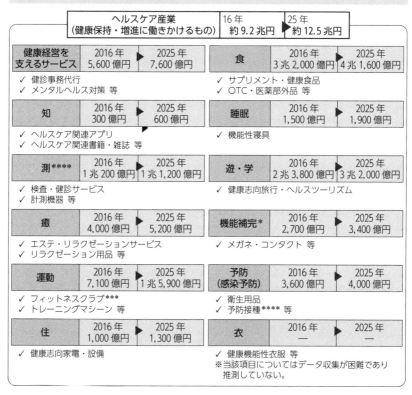

●2016 年のヘルスケア産業市場規模は、約 25 兆円、2025 年には約 33 兆円にな
●ただし、今後、新たに産業化が見込まれる商品やサービス等（例えば健康志向住

| ヘルスケア産業
（健康保持・増進に働きかけるもの） | | 16 年
約 9.2 兆円 | 25 年
約 12.5 兆円 |

健康経営を 支えるサービス	2016 年 5,600 億円	2025 年 7,600 億円	食	2016 年 3 兆 2,000 億円	2025 年 4 兆 1,600 億円
✓ 健診事務代行 ✓ メンタルヘルス対策 等			✓ サプリメント・健康食品 ✓ OTC・医薬部外品 等		
知	2016 年 300 億円	2025 年 600 億円	睡眠	2016 年 1,500 億円	2025 年 1,900 億円
✓ ヘルスケア関連アプリ ✓ ヘルスケア関連書籍・雑誌 等			✓ 機能性寝具		
測****	2016 年 1 兆 200 億円	2025 年 1 兆 1,200 億円	遊・学	2016 年 2 兆 3,800 億円	2025 年 3 兆 2,000 億円
✓ 検査・健診サービス ✓ 計測機器 等			✓ 健康志向旅行・ヘルスツーリズム		
癒	2016 年 4,000 億円	2025 年 5,200 億円	機能補完*	2016 年 2,700 億円	2025 年 3,400 億円
✓ エステ・リラクゼーションサービス ✓ リラクゼーション用品 等			✓ メガネ・コンタクト 等		
運動	2016 年 7,100 億円	2025 年 1 兆 5,900 億円	予防 （感染予防）	2016 年 3,600 億円	2025 年 4,000 億円
✓ フィットネスクラブ*** ✓ トレーニングマシーン 等			✓ 衛生用品 ✓ 予防接種**** 等		
住	2016 年 1,000 億円	2025 年 1,300 億円	衣	2016 年 ―	2025 年 ―
✓ 健康志向家電・設備			✓ 健康機能性衣服 等 ※当該項目についてはデータ収集が困難であり 推測していない。		

図 1 - 1　ヘルスケア産業（公的保険外サービスの産業群）

出典：経済産業省商務・サービスグループヘルスケア産業課『第 9 回新事業創出 WG 事務局説明

年では、医療・福祉分野のみが238万人の労働力が増えるが、他の3産業は軒並み労働力を減らすと推計している（表1-2）。

　健康・医療分野の市場規模や労働力推計を勘案すれば、この分野に財界が触手を伸ばすのは当然だといえる。しかし、帝国データバンクによると、2019年の老人福祉事業者の倒産（図1-2）は、介護保険施行以後過去最高の96件、負債総額が161億1800万円を記録していることを考えると、現状では財界にとって大きな魅力とはいえない可能

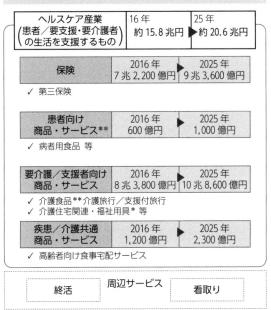

ると推測された。
居や健康関連アドバイスサービス）は含んでいない。

ヘルスケア産業 (患者／要支援・要介護者 の生活を支援するもの)	16年 約15.8兆円 ▶	25年 約20.6兆円
保険	2016年 7兆2,200億円 ▶	2025年 9兆3,600億円

　✓ 第三保険

患者向け 商品・サービス**	2016年 600億円 ▶	2025年 1,000億円

　✓ 病者用食品 等

要介護／支援者向け 商品・サービス	2016年 8兆3,800億円 ▶	2025年 10兆8,600億円

　✓ 介護食品**介護旅行／支援付旅行
　✓ 介護住宅関連・福祉用具* 等

疾患／介護共通 商品・サービス	2016年 1,200億円 ▶	2025年 2,300億円

　✓ 高齢者向け食事宅配サービス

終活	周辺サービス	看取り

　　*：保険内外の切り分けが困難であり一体として試算
　　**：施設向け／個人向けの区分が困難であり一体として試算
　　***：要支援・要介護者向けサービスの切り分けが困難であり
　　　　一体として試算
　****：自治体／企業等の補助と個人負担の切り分けが困難であ
　　　　り一体として試算

の市場規模（推計）内訳
資料②』2018年4月11日、p.18。

表 1-2　労働力上位 4 産業の将来推計

業　種	2012 年度の労働力	2030 年度の労働力	労働力の増減
卸売・小売業	1,093 万人	867 万人	− 216 万人
製造業	1,032 万人	926 万人	− 106 万人
医療・福祉	706 万人	944 万人	＋ 238 万人
鉱業・建設業	506 万人	413 万人	− 96 万人

出典：総務省統計局『各年度版労働力調査』により、筆者作成。
注：2012 年度の上位 4 産業の比較。2030 年度の労働力は、政府推計値。

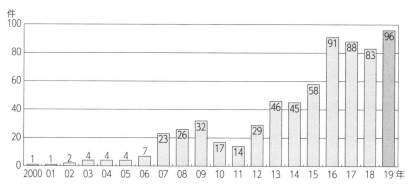

図 1-2　老人福祉事業者の倒産件数の推移（2000〜2019 年）

出典：帝国データバンク「老人福祉事業者の倒産動向調査（2019 年）」2020 年 1 月 8 日、https://www.tdb.co.jp/report/watching/press/p200103.html　最終閲覧日 2020 年 3 月 18 日。

性もある。

　表 1-3 を見ると、業態別倒産件数割合の約 8 割が訪問介護と通所介護で占められている。負債額規模でみると、約 7 割が 1000 万円〜5000万円未満。業歴別では、創立 10 年未満で 5 割を超えている。法人格別では、株式会社と有限会社で 8 割を超えている。

　東京商工リサーチが、2020 年 1 月 7 日に 2019 年（2019 年 1〜12 月）の「老人福祉・介護事業」倒産に関し集計を発表した[9]が、先述の帝国データバンクの調査と符合する部分が多い。

　東京商工リサーチは同分野での倒産の要因を、「背景に人手不足と人件費の上昇がある。特に、ヘルパー不足が深刻な訪問介護事業者の倒

表1−3　老人福祉事業者の倒産動向（2019年）

業態別	件数	構成比
訪問介護	51	53.1%
通所介護	24	25.0%
老人ホーム	10	10.4%
高齢者向け住宅	6	6.3%
グループホーム	3	3.1%
ショートステイ	2	2.1%
合　計	96	100.0%

法人格別	件数	構成比
株式会社	57	59.4%
有限会社	20	20.8%
合同会社	11	11.5%
一般社団法人	3	3.1%
社会福祉法人	2	2.1%
合資会社	1	1.0%
医療法人社団	1	1.0%
特定非営利活動法人	1	1.0%
合　計	96	100.0%

負債額別	件数	構成比
1000万〜5000万円未満	67	69.8%
5000万〜1億円未満	9	9.4%
1億〜5億円未満	16	16.7%
10億〜50億円未満	3	3.1%
50億〜100億円未満	1	1.0%
合　計	96	100.0%

態様別	件数	構成比
破　産	87	90.6%
特別清算	5	5.2%
民事再生法	4	4.2%
合　計	96	100.0%

業歴別	件数	構成比
3年未満	9	9.4%
3〜5年未満	16	16.7%
5〜10年未満	26	27.1%
10〜15年未満	24	25.0%
15〜20年未満	16	16.7%
20〜30年未満	4	4.2%
30年以上	1	1.0%
合　計	96	100.0%

都道府県	件数
大阪府	19
神奈川県	10
東京都	8
北海道	7
兵庫県	7
福岡県	6
広島県	4

件数上位の都道府県

出典：帝国データバンク「老人福祉事業者の倒産動向調査（2019年）」2020年1月8日、https://www.tdb.co.jp/report/watching/press/p200103.html　最終閲覧日2020年3月18日。

産が急増し、全体を押し上げている。また、業歴が浅く、小規模の倒産が大半を占め、マーケティングなど事前の準備不足のまま参入した零細事業者の淘汰が加速している」[10]と分析している。

厚生労働省が2019年に公表した資料（図1−3）によれば、都道府県が集計した介護人材の需要は、2020年で約216万人が2025年には

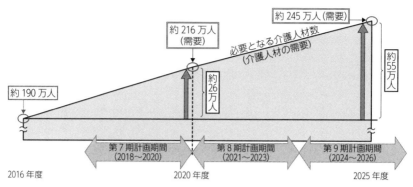

図 1 - 3　2025 年に向けた介護人材ニーズ（第 7 期計画に基づく介護人材の必要数）

出典：厚生労働省老健局（2019）「介護人材の確保・介護現場の革新」社会保障審議会介護保険部
　　　会第 79 回資料、2019 年 7 月 26 日、p.8 より引用。
注：需要見込みについては、市町村により第 7 期介護保険事業計画に位置付けられたサービス見込
　　み量（総合事業を含む）等に基づく都道府県による推計値を集計したもの。2016 年度の約 190
　　万人は、「介護サービス施設・事業所調査」の介護職員数（回収率等による補正後）に、総合
　　事業のうち従前の介護予防訪問介護等に相当するサービスに従事する介護職員（推計値：約
　　6.6 万人）を加えたもの。

約 245 万人と、今後 5 年間で 29 万人が必要となり、このペースで推移
すると年間約 6 万人の介護人材の確保が迫られることになるが、その
需要を満たすだけの介護労働者を確保できるのであろうか。

　一般的に介護労働者の賃金は低いといわれているが、厚生労働省の
調査でもその点は明白である（**表 1 - 4**）。一般労働者全体（産業計）
の平均賃金は月 36.6 万円、それに比べ介護職員の場合は 27.4 万円で、
その差は月 9.2 万円であり医療系の他の職種と比べ低い。また、職種
により勤務年数がかなり違うことから単純比較できない点を考慮して
も、相当低いのが現状である。このような状況で、需要に見合うだけ
の人材を集められるのかは疑問である。

　21 世紀・老人福祉の向上をめざす施設連絡会が、2019 年 10 月に実
施した全国の老人ホーム施設長へのアンケート結果が 2020 年 2 月 29
日に公表された[11]。

　同調査（**図 1 - 4**）によれば、3 年前と比べ介護職員を「確保しにく

表1-4　介護人材の賃金の状況（一般労働者、男女別）

		平均年齢 （歳）	勤続年数 （年）	賞与込み給与 （万円）
産業別	産業計	41.8	10.7	36.6
職種別	医師	42.1	5.3	102.7
	看護師	39.3	7.9	39.9
	准看護師	49.0	11.6	33.8
	理学療法士、作業療法士	32.7	5.7	33.7
	介護支援専門員（ケアマネジャー）	48.0	8.7	31.5
	介護職員【(C)と(D)の加重平均】	41.3	6.4	27.4
	ホームヘルパー(C)	46.9	6.6	26.1
	福祉施設介護員(D)	40.8	6.4	27.5

出典：厚生労働省老健局（2019）「介護人材の確保・介護現場の革新」社会保障審議会介護
　　保険部会第79回資料、2019年7月26日、p.12より引用。

くなった」が83％と圧倒的に多かった。また、約半数の施設が、人材確保のため求人広告や人材派遣業者への支払いに年間100万円以上かかったと回答している。8％の施設が、1000万円以上の費用を投入したと答えている（表1-5）。

　調査速報版は、「人材が不足している事業所では、人材確保にかかるコストが膨れ上がり、そのことで、現在働いている職員の処遇改善が図れないことに

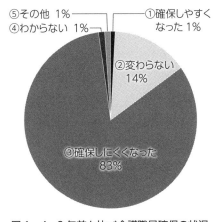

図1-4　3年前と比べ介護職員確保の状況
出典：21世紀・老人福祉の向上をめざす施設連絡
　　会（2020）『第5回全国老人ホーム施設長ア
　　ンケート結果　速報版』2020年2月29日、
　　p.9より引用。

つながります。これを繰り返す中で、事業所は負のスパイラルに陥ることとなります。入居者の生活や職員処遇の改善に充てるべき費用が、人材確保の為に流れているといった現状を改善するには、個々の事業

表 1-5　2018 年度、貴法人における求人広告・派遣業者への支払い等で、人材確保にかかった費用

費　用	回答数	割　合(%)
50 万円未満	660	30.0
50 万円～100 万円未満	314	14.3
100 万円～200 万円未満	320	14.6
200 万円～500 万円未満	352	16.0
500 万円～1,000 万円未満	182	8.3
1,000 万円以上	177	8.0
わからない	197	8.9
総　数	2,202	100.0

出典：21 世紀・老人福祉の向上をめざす施設連絡会（2020）『第 5 回全国老人ホーム施設長アンケート結果　速報版』2020 年 2 月 29 日、p.9 より筆者作成。
注：割合は、小数点第 2 位で四捨五入したので、合計は 100% にはならない。

表 1-6　介護報酬改定の実績

改定年	報酬改定率	実　質
2003 年	− 2.3%	− 2.3%
2006 年	− 2.4%	− 2.4%
2009 年	3.0%	3.0%
2012 年	1.2%	− 0.8%
2015 年	− 2.26%	− 4.48%
2018 年	− 0.54%	− 0.5%

出典：「しんぶん赤旗」2020 年 2 月 25 付。
注：2012 年は処遇改善交付金（国費）を介護報酬に編入し実質マイナス。2015 年は処遇改善加算などを除けば実質大幅マイナス。2018 年は給付の適正化でマイナス。

所の経営努力では限界があります。国としての抜本的な施策は待ったなしの状況」[12] だと指摘している。

　その要因は、介護保険法施行後、3 年ごとに事業者が受け取る（代理受領）介護報酬が見直されるが、2009 年以外実質的に引き下げられてきたことにある。

　2020 年は、介護保険が施行されて 20 年の節目だが、この間事業者の収入の基礎となる介護報酬は、6 回の改定の内 5 回がマイナス改定で、実質的にプラス改定になったのは 2009 年 1 回のみであった（表 1-6）。

　介護保険は、社会的入院の解消、家族介護の軽減等「介護の社会化」を目指して導入された。しかし、この間一貫して「給付の効率化や予防」の名のもと、一部負担等の引き上げ、施設入所者の食費・居住費の保険外し等を通じて給付抑制が図られてきた。給付抑制は、結果的には、事業者の経営を圧迫し、倒産件数も異常に増えてきた要因であ

ることは明らかである。

　この現状を鑑みると、介護分野が財界にとって魅力があるのかは大いに疑問である。特に、訪問介護・通所介護が倒産の約8割を占めているが、訪問介護の場合、ヘルパーの「移動経費（ある利用者宅から他の利用者宅）」は、介護報酬には含まれないことから、小規模な事業者はその移動経費を捻出することで経営を圧迫すると考えられる。公立か公的な事業所であれば、目の前に介護を要する高齢者がいれば、経営原理からだけではなく、人権原理から対象者をケアするのが当然である。しかし、利益を追求する事業者（例えば株式会社）であれば、経営的観点から事業所運営を行わざるを得ず、人権原理は後景に退くこととなり、大規模で全国展開できる大企業のみが生き残ることとなる。

　結局、介護・健康・医療分野の市場化・産業化は、国民の生活権・健康権を奪うことにかしならない。

3　全世代型社会保障検討会議が描く財界主導の介護保険改革

　全世代型社会保障検討会議は、当初2020年夏を目途に「最終報告」を提出するとしていたが、新型コロナウィルス感染拡大により十分な議論ができなかったとことを理由に、第7回会議（2020年5月22日）において、「最終報告は本年末に延期して、7月に2回目の中間報告を行う」[13]とし、6月25日開催の第9回会議において第2次中間報告が提案された。

　2019年末の中間報告（第1次）取りまとめ以降、4回の会議がもたれ、第6回（2020年2月19日）では「介護サービスの生産性向上」、第7回（2020年5月22日）では「フリーランスの社会保障」、第8回（2020年6月3日）では「最低賃金」、第9回（2020年6月25日）で

は「第2次中間報告」が、それぞれ議論された。

　第9回会議は、それまでの会議とは異なり非公開とされたが、議事録によると、出席した民間の構成員9人のうち8人が医療分野の重要性に言及した[14]。

　具体的には、新型コロナウィルス関連の発言も多く、「今回の事案は、予測できないアクシデント。**医療や介護のシステムについて、日頃からどの程度の余力を持っておくべきかということを気づかせたのではないか**」「公立・公的病院、病床数の多い病院が、患者を主に引き受けてきた。まさに地域医療を集約、機能分化していくことが必要だということに気づかせてくれたのではないか。**今後、感染症の視点も含めつつ、地域医療構想、働き方改革、医師の偏在是正に取り組むべきではないか**」などと病院の役割の在り方を見直す声が上がった。「**国民皆保険のありがたみを、非常に多くの人が実感したのではないか**」との指摘もあった。

　国民が、新型コロナウィルス感染に恐々としている最中、5月29日には実質的に生涯年金額が減額される年金改革法を、6月5日には自己責任・互助を基本とした地域共生社会の実現を強制する社会福祉法等改正法を成立させた。国は、まさに災害等の困難に乗じて国民生活の根幹をなす法や制度を改悪する「ショック・ドクトリン」を強行したが、筆者は、極めて許し難い蛮行だと憤りを感じる。

　さて、中間報告（第1次）では、介護保険に関して以下の3点、「介護予防の位置付けを高めるため、介護インセンティブ交付金の抜本的な強化を図る」、「介護サービスと保険外サービスの組み合わせに関するルールの明確化」、「介護事業者の創意工夫と投資を引き出し、効果的・効率的、健全で持続可能性の高い介護提供体制の構築を進める」等に触れているのみで、具体的提案はなされなかった。

　しかし、第2次中間報告では、総計9頁のうち約1頁半を介護サービスに割いていることから、中間報告（第1次）では不十分であった

点を補いたいとの意向が窺える。

　さて、本節では、第２次中間報告「介護分野」記述の元になった第
６回会議（2020年２月19日）の議論も踏まえ、その本質と疑問を提
起したい。

1)　財界が求める介護保険戦略
── 新たな儲け先「スピンオフ産業」の拡大

　第２次中間報告における介護保険分野の提起（**表1-7**）は、今まで
以上に少ない人員配置で徹底して介護サービスの効率化を図り、それ
をAIやテクノロジーが全面的にカバーする、というものである。一
見、財政削減だけを目指しているようにも見えるが、真の目的は、ロ
ボテック産業、情報産業、コンサルタント業への新規事業の開発とい

表1-7　第２次中間報告における介護分野記述の整理

項　　　目	内　　　容
介護サービスにおけるテクノロジーの活用	・より少ない人数で介護サービスを提供する施設が存在している。こうした先進事例の全国展開を進める。 ・今後、更なる生産性向上を実現する。
文書の簡素化・標準化・ICT等の活用	・文書等の作成に要する時間を効率化し、利用者に対する介護サービスの提供に集中できるよう、**行政に提出する文書の記載事項や添付書類の削減など文書の簡素化を進める**。
介護サービスの効果を正確に測定するためのビッグデータの整備	・介護分野のビッグデータの整備を進める。 ・ケアの内容や高齢者の状態等の情報を収集するシステムを本年度中に本格稼働するとともに、介護データベースと医療データベースとの連結を本年10月から実施する。 ・エビデンスに基づき、標準的な介護サービス水準の在り方に関する検討を進める。
介護事業者の創意工夫を引き出す弾力的な取組の推進	・利用者の自立度が改善した場合の加算について、エビデンスに基づき、2021年度介護報酬改定において必要な見直しを行う。 ・自立支援の成果に応じた介護事業者への支払いに取り組む市町村を介護インセンティブ交付金で評価する。

出典：全世代型社会保障検討会議「第２次中間報告」2020年６月25日より筆者作成。

う、いわば財界の新たな儲け先を開拓することにある、と理解すべきである。

　日本は、今後急激な人口減少社会に突入するなかで、製造業やサービス業を中心とする分野において人手不足が深刻となり、このままでは日本の財界は世界経済の中で取り残されるとの危機感からか、参入規制の厳しい医療・介護分野に大幅な規制緩和を実現し、新たな産業を育成していきたいとの思惑が見えてくる。

　ただし、この戦略は、介護サービス本業に多様な業種の参入を促進するのではなく、本業からスピンオフした分野（ロボテック産業、情報産業、コンサルタント業）の拡大を狙っている。実に巧妙な戦略と言わざるを得ない。

2)　介護サービスへの「トヨタ式改善活動や生産性向上」導入提案の疑問

　第6回会議（2020年2月19日）で、全世代型社会保障改革担当大臣西村康稔は、「これまで議論をしておりませんでした介護サービスについて、生産性向上をテーマに御議論をいただければと思います」[15]と口火を切り、介護保険の具体的改革の方向性を決めたいとの意欲をみせた。

　第6回会議において、内閣官房全世代型社会保障検討室新原室長代理補が基本資料を元に、生産性向上と介護サービスと保険外サービスの組み合わせに関して説明した。新原は、「**国は人員配置基準として、入居者3人当たり職員1人以上を定めていますが、実際にこれを達成するのは難しい状況です**」[16]として、効率化すれば、国の定める人員基準以下でも十分業務が遂行できるとした。若竹大寿会の例を挙げ、「**トヨタ式の改善活動を導入した**」と称賛し、食事の準備に関して、「**最も早いAさんの手順をマニュアル化することで、施設全体で1か月252時間の時間短縮**」[17]が達成されたと説明した。

　その後、経済同友会代表幹事櫻田議員は、「現場の課題を踏まえて、

圧倒的な生産性向上と品質向上の両方を狙う」とし、その具体的姿として「例えば2025年に、**現在の半分の職員で介護施設の運営を可能とするような圧倒的な生産性向上、品質向上を実現するためには、デジタルテクノロジーの活用と規制緩和を大胆に進める**ことで、介護現場を改革する必要がある」[18] とした。

　また、国立社会保障・人口問題研究所所長遠藤久夫議員は、「生産性を向上させるためには、現場の創意工夫を引き出していくことが重要です。そのためには、経済的インセンティブが有効です」[19]、「介護の生産性向上とは、効率的・効果的な介護サービスを探求することにほかなりません」[20]、と櫻田議員の論に同調する発言をしている。

　東京大学教授柳川範之議員は、「櫻田議員の問題意識と御提案に極めて賛成するものでございます。介護分野は、**人手不足の中で生産性を高めていくことが不可欠だ**」[21] とし、最新のテクノロジーを活用した大幅な生産性向上を実現しているとする善光会の事例を挙げ「このような経営ノウハウを全国的に早急に横展開するため、**フランチャイズ方式による経営の効率化を促すような新たな制度を創設し、介護業界全体の生産性向上を図っていくべき**」[22] と主張した。

　確かに、介護労働現場であれ、不合理な点や、明らかに非効率な点があれば、人権視点から改善が図られるのは当然である。しかし、産業革命以後の商品生産現場における近代的労働への陶冶は、熟練労働から非熟練労働という、いわばいかに専門性を排除し、より多くの人が生産ラインで均質・均等に働けるかを狙ったものであった。したがって、資本主義社会の商品生産現場では、支配者はいわば人権よりも「生産性や効率性」を第一義としている。

　ここで肝心なのは、商品生産現場における技能労働（作業）と介護（ケア）労働等の福祉労働が、その本質が対物労働か対人労働なのか、また固有性や専門性を無視して、「生産性」を論じることができるのであろうか、との視点が欠落していることである。この点に関し、本章

の「おわりに」で筆者の私見を述べる。

4　混合介護、介護給付費割引の拡大の可能性
　── 株式会社による実質的な「特養経営」

1)　混合介護の推進と介護の市場化

　全世代型社会保障検討会議第 6 回会議において、新原室長代理補は、「介護事業者の創意工夫を引き出し、制度の持続可能性を確保するためには、保険外のサービスを組み合わせて、収益を確保する必要があります。（中略）これまで保険外サービスを提供したことがない法人は、53% に上ります。（中略）有料老人ホームの場合、収益に占める保険外収入の割合が53% なっていますが、拡大しつつある訪問介護については、僅か1.4% しかありません。利用者のニーズに合った保険外サービスの拡大が課題です」23) と説明した。

　櫻田議員は、「介護業界にとどまらず、他業界の規制が壁となるケースも多々存在しています。今後、拡大するシニアマーケットにおいて、民間企業の創意工夫を阻害する規制の緩和をさらに進めるべきであると考えますし、これはまさに地域の雇用や地方創生、働き方改革にもつながる」24) として、「保険外サービスの規制緩和」25) を求めた。

　厚生労働大臣加藤勝信議員（当時）は、「介護サービスと保険外サービスの組み合わせをどうするかということで、これはルールの明確化がなされておりません。これは今後それぞれの事業者の方がこういうふうにしたいというものがあると思います。（中略）より明確化して、積極的に展開を図っていただけるように、努力をしていきたいと思っております」26) と厚生労働省としても混合介護推進を明確に打ち出した。

　また、本会議議長安倍晋三（当時）は、報道関係者入室後の挨拶で「ニーズに合わせて保険外のサービス提供と柔軟に組み合わせができる

よう、ルールの明確化を図ります」[27] と国民向けにアピールした。

　ただ、介護保険は、制度創設当初から「高齢者が抱える多様なニーズに柔軟に対応できるよう、一定の条件の下で、**介護保険サービスと保険外サービスを組み合わせて提供する**」[28] ことを認めている。

　具体的基準に関しては、介護保険サービス実施半年前の 1999 年 9 月 17 日、厚生省老人保健福祉局企画課「指定居宅サービス等及び指定介護予防サービス等に関する基準について（老企第 25 号）」として通知されている。

　しかし、先述の新原の説明にもある様に、実態的には混合介護は進んでおらず、今後は「規制」を大幅に緩和し、混合介護を通して介護保険の市場化を推し進めたいのが政府や厚労省の狙いだし、その点は財界の思惑とも一致している。

2)　2016 年公正取引委員会『介護分野に関する調査報告書』にみる　混合介護の大胆な提案

　公正取引委員会（以下「公取委」）は、2016 年 9 月『介護分野に関する調査報告書』（以下「介護報告書」）[29] を公表し、①特別養護老人ホームへの株式会社参入規制の緩和、②社会福祉法人への補助制度・税制度の見直し、③**混合介護・価格の弾力化**、を提案した。同報告書は、公正取引委員会が 2016 年 1 月に実施したアンケート調査、ヒヤリング調査、意見交換会を基にまとめられたものである。

　さて、公取委とは、いかなる組織であろうか。公取委のホームページによれば、公取委は「独占禁止法を運用するために設置された機関」[30] であるとし、また、独占禁止法概要も解説している。公取委によれば、「独占禁止法の目的は、公正かつ自由な競争を促進し、事業者が自主的な判断で自由に活動できるようにすることです。市場メカニズムが正しく機能していれば、事業者は、自らの創意工夫によって、より安く優れた商品を提供して売上高を伸ばそうとしますし、消費者

は、ニーズにあった商品を選択することができ、事業者間の競争によって、消費者の利益が保護されることになります」[31] としている。

　しかし、筆者は、公取委が介護分野に関して大胆な提案を行ったことに、少なからず違和感を覚える。前掲独占禁止法の解説には、「公正で自由な競争促進」、「市場メカニズムが正しく機能」、「消費者は、ニーズにあった商品を選択する」[32] とあるが、これでは公取委が介護分野は、"市場で提供される商品である"と認識し、その前提で調査対象にしたと理解せざるを得ない。介護分野は、多くは単純に市場で売り買いされる「商品」ではなく、「生存権保障の一翼を担う社会福祉サービス」であり、公取委はこの点を完全に捨象したか、意図的にその本質を隠蔽し議論を進めている。

　この時期に、公取委があえて常識を逸脱した報告書を公表したのには、何らかの意図があると判断せざるを得ない。つまり、自公連立政権下で推し進められる社会福祉分野の「産業化」の牽引役を、公取委が率先し引き受けたとみることができる。

　2016 年 3 月、厚生労働省、農林水産省、経済産業省が合同でとりまとめた『地域包括ケアシステム構築に向けた公的介護保険外サービスの参考事例集（以下、「ガイドブック」）』[33] が公表された。三省が合同で、このようなガイドブックを公表したのは、介護保険分野の商品化・産業化に本腰を入れたいとの証左とも言える。

　ガイドブックは、「地域包括ケアシステムを補完・充実していくためには、介護保険等の社会保険制度や公的サービスに加え、ボランティアや住民主体の活動等である『互助』、市場サービス購入等である『自助』を充実していく必要がある」[34] とし、さらに「保険外サービスへの期待や潜在的な成長可能性」[35] は大きいとしている。

　しかし、ガイドブックは、「保険外サービスは必ずしも短期的に利益に結びつくものばかりではない。とりわけ、営利法人が取り組む場合、企業全体の収益に左右され、事業の継続が危ぶまれたり、組織運営体

制の変更に伴って事業方針が頻繁に変更される」[36]と、現状では、介護保険外サービスが、営利企業にとって魅力ある分野だとはしていない。つまり、現時点での保険外サービスだけでは、産業化の足がかりにしかならず、大幅な利益にはつながらないとの危機感がある。従って、今後、保険サービスのカバー範囲を縮小し「保険外サービスの拡大」を図りたいのが本音であろう。

　この点は、介護保険 2015 年改定の目玉であった、要支援 1・2 の給付（介護保険からの給付）の一部を介護保険給付から市町村独自の総合事業に移行したことからも理解できる。その内訳は、要支援 1・2 の介護保険給付費の約 6 割を占める介護予防訪問介護及び介護予防通所介護を、保険給付から外したのである。

　また、今般、全世代型社会保障検討会議や社会保障審議会で、要介護 1・2 の介護保険給付を縮小しようとしている議論ともつながる。

3)　混合介護・価格の弾力化は、介護サービスの範疇を曖昧にする

　介護保険は、医療保険とは異なり、制度発足当初から混合介護が認められている。例えば、「上乗せサービス」や「横出しサービス」を条例に定め提供可能としている自治体もある。上乗せサービスは、支給限度基準額を超えるサービス（訪問介護の追加利用等）を、対象者が全額自己負担で利用するもの。また、横出しサービスは、ガラス拭き、大掃除、通院の送迎、出張理容など介護保険給付対象外のサービスを全額自己負担で利用するものである。しかし、現行制度の下では、保険内サービスと保険外サービスは、明確に区分されていなければならないし、保険内サービと保険外サービを同一時間内に一体的に提供することはできない。

　訪問介護における保険内サービスは、大きく生活援助と身体介護に区分され、生活援助は、対象者が日常生活を送る上で必要不可欠な家事や本人が一人ではできない部分を支援することとされている。具体

的には、掃除、洗濯、調理、買い物、衣服の整理、ベッドメイクなどであるが、本人以外の家族へのサービスは禁止されている。

　しかし、公取委の介護報告書では、混合介護が弾力化されれば、「保険内サービスの提供時間内に利用者の食事の支度をすることと併せて、帰宅が遅くなる同居家族の食事の支度もするといった保険外サービスを組み合わせたサービスを利用者が希望する場合には、追加料金を徴収した上でこれを提供することが可能となり、保険内外のサービスを同時一体的に提供することでより低料金で効率的にサービスを提供できるようになる可能性がある」[37]とし、また、特定のヘルパー派遣を要請する「**指名料の徴収**」[38]も可能とすべきとしている。

　介護報告書は、混合介護が弾力化されれば、「**介護サービス事業者の収入の増加をもたらし、ひいては、介護職員の処遇改善につながる可能性もある**」[39]と指摘している。しかし、混合介護の弾力化は、介護サービスの範疇を曖昧にしかねない。保険外であっても要望する一般サービスが、同じ事業者あるいは同じ介護職によって提供されれば、対象者にとっては、どこまでが保険内サービスか保険外サービスかは判然としなくなり、事業者は、対象者のニーズに即した保険外サービスの付加価値で自らを選択させるようにするであろう。一旦混合介護が弾力化されてしまえば、保険外サービス価格ダンピング競争は激化し、結果的に介護職、および介護現場で働く労働者は、低賃金に甘んじなければならなくなる。この点は、介護報告書が謳う「価格の弾力化」[40]に通じるものといえるし、また、**介護サービス保障の公的性格を崩壊させ、一般市場で取引される「商品」にしてしまいかねない。**

　例えば、東京都豊島区は、2017年に「選択的介護構想」を掲げ、国家戦略特区に手を上げ、2019年4月より3年間のモデル事業に着手した。**当初導入を予定していた「保険内外の同時一体的提供」、「指名料」等は、利用者の保護の観点から実施を見送り、現行の規制の範囲内で実現可能なサービスと規制緩和が必要なサービスを整理して優先**

的に着手する内容を決めモデル事業を実施した。従来のような民間主体の混合介護ではなく、保険外サービスにおいても「書面契約やサービス提供の記録」等を提供事業者に求める。加えて、ケアプランに保険外サービスに関しても記載を義務化した。この点を鑑みれば、政府の思惑通りの「混合介護」が進んでいるわけではない。

　豊島区国家戦略特区モデル事業が、目玉にしていた保険内外の同時一体的提供、指名料が実施できなかった背景には、当時厚労省内部で混合介護に関して課題が整理できていなかった可能性がある。豊島区モデル事業は、2019 年 4 月から実施されたが、豊島区でその具体的内容が議論されていた最中、厚生労働省は 2018 年 9 月 28 日「介護保険サービスと保険外サービスを組み合わせて提供する場合の取扱いについて」との厚生労働省老人保健課長名で自治体関係部局に通知している。

　同通知で、「介護保険サービスと保険外サービスを同時一体的に提供することや、特定の介護職員による介護サービスを受けるための指名料や、繁忙期・繁忙時間帯に介護サービスを受けるための時間指定料として利用者の自己負担による上乗せ料金を徴収することについては、単に生活支援の利便性の観点から、自立支援・重度化防止という介護保険の目的にそぐわないサービスの提供を助長する恐れがあることや、家族への生活支援サービスを目的として介護保険を利用しようとするなど、利用者本人のニーズにかかわらず家族の意向にそってサービス提供が優先され、社会保険制度として求められる公平性を確保できなくなる恐れがある等が指摘されており、認めていない」[41]とされたため、豊島区は「そこで、一般的な特区認定事業とは異なり、まずは現行の規制の範囲内で、モデル事業を立ち上げる」[42]こととした、と区介護保険課係長戸田圭亮は述べている。

　前記の厚生労働省老人保健課長通知では、「厚生労働省においては、規制改革実施計画に基づき、引き続き上記の課題の整理等を行う」[43]

とし、混合介護推進の姿勢を覗かせていた。

5 「地域共生社会の実現のための社会福祉法等の 一部を改正する法律（2020 年 6 月 5 日可決・成立）」 の方向性

1) 社会福祉における国・自治体の責任を曖昧化する政府の地域共生社会

　コロナ禍で、国民の関心が個別の法改正に向き合う余裕がない中、2020 年 6 月 5 日に十分な審議がなされないまま「地域共生社会の実現のための社会福祉法等の一部を改正する法律（以下「社会福祉法等改正法」）」が可決・成立した。もちろん、同法の成立は、全世代型社会保障改革を推進する第一歩と位置づけられる。

　同法概要は、資料 1 - 3 に示したが、本節においては、その何点かの問題点に触れる。

　社会福祉制度の基幹的根拠法である「社会福祉法」1 条では、地域福祉を「社会福祉を目的とする他の法律と相まって、福祉サービスの利用者の利益の保護及び地域における社会福祉」としていることから、地域における社会福祉及び関連制度ならびに実践と捉えられる。その前提に立ち、今回の社会福祉法等改正法を見ていくと、全世代型社会保障が目指す方向性も自ずと理解できる。

　前回社会福祉法改正（2018 年）において、同法 4 条に 2 項（今回改正法においては 3 項）が加えられ、「地域住民等は、（中略）地域生活課題の解決に資する支援を行う関係機関との連携等によりその解決を図るように特に留意するものとする」とし、地域生活課題解決の責任主体が「地域住民」とされたが、地域により住民の力量や社会資源には大きな違いがあり、ますます地域間格差を助長する可能性がある。加えて、社会福祉における責任主体を地域住民とすることで、公的責任を曖昧にすることが可能となる。

1．地域住民の複雑化・複合化した支援ニーズに対応する市町村の包括的な支援体制の構築の支援

①包括的相談支援体制（属性や世代を問わない相談体制）

②参加支援（既存の取り組みでは対応できない狭間のニーズに対応）

③地域づくりに向けた支援（世代や属性を超えて住民同士が交流できる場や居場所の確保、交流・参加・学びの機会を生み出すためのコーディネート）

④新たな事業は実施を希望する市町村の手あげに基づく任意事業

2．地域の特性に応じた認知症施策や介護サービス提供体制の整備等の推進

①認知症施策の地域社会における総合的な推進に向けた国及び地方公共団体の努力義務を規定

②市町村の地域支援事業における関連データの活用の努力義務を規定

③介護保険事業(支援)計画の作成にあたり、当該市町村の人口構造の変化の見通しの勘案、高齢者向け住まい(有料老人ホーム・サービス付き高齢者向け住宅)の設置状況の記載事項への追加、有料老人ホームの設置状況に係る都道府県・市町村間の情報連携の強化

3．医療・介護のデータ基盤の整備の推進

①介護保険レセプト等情報・要介護認定情報に加え、厚生労働大臣は、高齢者の状態や提供される介護サービスの内容の情報、地域支援事業の情報の提供を求めることができると規定

②医療保険レセプト情報等のデータベース（NDB）や介護保険レセプト情報等のデータベース（介護DB）等の医療・介護情報の連結精度向上のため、社会保険診療報酬支払基金等が被保険者番号の履歴を活用し、正確な連結に必要な情報を安全性を担保しつつ提供することができる

③社会保険診療報酬支払基金の医療機関等情報化補助業務に、当分の間、医療機関等が行うオンライン資格確認の実施に必要な物品の調達・提供の業務を追加

4．介護人材確保及び業務効率化の取組の強化

①介護保険事業（支援）計画の記載事項として、介護人材確保及び業務効率化の取組を追加

②有料老人ホームの設置等に係る届出事項の簡素化を図る

③介護福祉士養成施設卒業者への国家試験義務付けに係る現行5年間の経過措置を、さらに5年間延長

5．社会福祉連携推進法人制度の創設

社会福祉事業に取り組む社会福祉法人やNPO法人等を社員として、相互の業務連携を推進する社会福祉連携推進法人制度を創設

出典：「地域共生社会の実現のための社会福祉法等の一部を改正する法律」より筆者作成。

さらに今回改正においては、4条に新たに「地域福祉の推進は、地域住民が相互に人格と個性を尊重し合いながら、参加し、共生する地域社会の実現を目指して行われなければならない」との1項が加えられた。地域住民に、参加、共生する地域社会の実現を「義務」化した重要な法改正である。本項は、自己のあり方を自己の責任において決定できるとする「自由権」を、参加を強制することで実質的に曖昧に

するものである。また、参加の有無を確かめるために住民監視を強める可能性もあるし、参加できなかった者を排除する方向性を強める可能性もある。

　さて、改正社会福祉法に包括的な支援体制を整備することを目的に「重層的支援体制整備事業」（**資料1-3の1**）として106条の四が新たに加条された。しかし、本条においては、「市町村は、（中略）重層的支援体制生事業を**行うことができる**」とし、義務化はされていないことから、重要な事業であるにもかかわらず、市町村の役割は極めて曖昧である。また、106条の四には、「重層的支援体制整備事業の事務の**全部又は一部を当該市町村以外の厚生労働省令で定める者に委託することができる**」としているが、先行する生活困窮者自立支援制度の実施実態[44]では、2018年度で同制度を実施していた902自治体のうち35.1％（317自治体）が自治体直営であったが、64.9％（585自治体）は委託となっている。また、委託先の76.2％（446カ所）が社会福祉協議会、わずかではあるが5.8％（34カ所）が株式会社に委託されている。この前例から勘案すると、本事業を実施する市町村でも、ほとんどが外部委託される可能性は高い。

　さらに、本事業を支える国及び都道府県の役割が、改正社会福祉法6条3項として新設されたが、「国及び都道府県は、市町村（特別区を含む。以下同じ）において第百六条の四第二項に規定する重層的支援体制整備事業その他地域生活課題の解決に資する支援が包括的に提供される体制の整備が適正かつ円滑に行われるよう、**必要な助言、情報の提供その他の援助を行わなければならない**」としているだけで、その責任のありようが極めて不明確である。

　また、重層的支援体制整備事業に要する費用は市町村の支弁（改正社会福祉法106条の7）とし、国は、「事業に要する費用として**政令で定めるところにより算定した額の百分の二十に相当する額**」（同106条の8）を交付金として交付するとしているが、実際にかかった経費に

対する交付ではなく、あくまでも政令の範囲内で算定された額に対する交付となり、国は金はほとんど出さないが「必要な助言」との名の下に口だけは出すのであろうか。

2) 社会福祉連携推進法人導入の真の目的をみる

　同法の改正で、社会福祉事業を行う法人間の連携方策として、一般社団法人が、地域福祉の推進に係る取組みを共同して行うための支援、災害対応に係る連携体制の整備、社会福祉事業経営に係る支援、社員である社会福祉法人への資金の貸付、福祉事業従事者の確保及び人材育成、設備または物資の共同供給等を行うことを目的に、社会福祉法人を中核とする非営利連携法人「社会福祉連携推進法人」(125条)の認定を受けることができるとした。ただし、社会福祉連携推進法人は独自に「社会福祉事業を行うことはできない」(132条4項)としている。

　確かに、現在全国には2万を超える社会福祉法人が存在し、小規模で単一事業のみの法人も存在することから、互いの利点や得意分野の知見を共同し、地域における社会福祉事業のレベルを高めていくことは必要であろう。しかし、その目的が、政府の目指す全世代型社会保障改革の基盤をなす地域共生社会の構築であることを考えると、社会福祉法人等の連携を強化し、自治体の社会福祉事業の多くを外部化するための受け皿づくりだと考えられる。

　また、連携法人を構成する「社員」は、「社会福祉法人その他社会福祉事業を経営する者又は社会福祉法人の経営基盤を強化するために必要な者として厚生労働省令で定める者を社員とし、社会福祉法人である社員の数が社員の過半数であること」(127条二)としており、いうまでもなく社会福祉事業には第一種と第二種があり、第二種は株式会社も経営できるとなっていることから、本連携法人の社員には営利を目的とする株式会社が加わる可能性がある。

おわりに
──介護労働者の専門性重視と人権視点からの介護保障改善私案

　一般的に専門職とは、竹内洋の言葉を借りれば、「体系的理論を応用する職業で、応用に際しては単なる機械的応用ではなく創造、判断の転轍工房を持つ職業あるいは理論体系そのものを純理論的に追求する職業」[45] である、と専門職の概念を整理している。この点からも、ケア労働は、専門職として位置づけられる。

　また、二宮厚美は、「人間発達を保障する労働には、発達しつつある人間の欲求や人々がおかれている状態に即した高度の専門性が要求される。そこでは、**業務を定量的な部分に分割して、企画化・画一化し、技能労働を持ってこれをあてるというわけにはゆかない。**資本主義的なコスト原理を優先した分業を導入するわけには行かない。むしろ、**人間の発達保障を大目的とした各種分業の総合化の能力も備えた専門性の導入が重要である**」[46] と、経済学の視点から、ケア労働を含む福祉労働を発達保障労働として位置づけた。

　二宮は、コミュニケーション的理性を、相手を理解・了解して相互了解・合意に達するときに発揮される能力と定義し、発達保障労働の根幹はコミュニケーション的理性である、とした。

　一般的には、専門課程で学び、専門的知識や専門的技術を習得し、国家ライセンスを所持していることをもって「専門性」があると判断されるが、介護現場で中心的業務を担う介護福祉士には「専門性」がある、と国（国の制度や法）や一般市民は認めているのであろうか。この点に関して、筆者は日ごろから疑問を抱えている。

　介護労働を含む発達保障労働は、コミュニケーションを通して対象者が置かれている現況を把握し、近い将来起こりうる変化を察する「予見性」が必要であり、その予見性に基づき、対象者へのケア等を必

要に即時対応する「裁量権」が求められるであろう。もちろん、介護福祉士は、専門課程での教育及び現場での経験を有してライセンスを取得しているので現場での「予見性」は十分備えている。しかし、介護現場で最大限の裁量権が認められているとは言い難い。対象者は、サービス利用前に要介護認定され、また要介護度毎にサービス量の上限が定められており、介護福祉士にはその場で予見性を下に、自らの裁量権をもってサービスを給付・調整することは許されてはいない。

　一方で、医療サービスは、医師が問診・検査等を下に対象者に量的にも質的にも必要なサービスを提供する必要即応の原則が働いている。介護サービスと医療サービスを比較検討すると、現場の介護労働者には「裁量権」はほとんど認められていない。

　裁量権が認められていないことで、介護労働が、「機械的応用」（竹内）、企画化・画一化された「技能労働」（二宮）に陥り、専門性がなく「誰にでもできる仕事」とのレッテルを貼られる結果を招いている。この点を踏まえると、賃上げは当然ではあるが、賃金さえ上げれば、介護労働が専門職にふさわしい位置づけがなされるような議論は極めて本質的ではない。

　介護労働者に、介護現場において最大限の裁量権を認めることが、専門性を高めることになるし、賃上げの論拠を提示することにもなると考えられる。そのためには、介護保険制度の抜本的な改革が必要となる。

　以上を踏まえて、介護保険の改革方向の私案を示す。

　2000年に介護保険法が施行されて以降も、介護分野を「税、あるいは社会保険で運営すべきか」の議論があるが、財源論だけから論じるのは介護保険の本質的な問題を見失う可能性がある。つまり、高齢者の生活から「介護だけ」を切り離したこと、介護保険を利用していない高齢者の社会福祉サービス問題が後景に退いてしまったことを改めて論じるべきではないだろうか。

確かに、人口の4人に1人が高齢者である高齢社会、近い将来3人に1人が高齢者となる超高齢社会がわが国の現実であろう。しかし、2019年8月時点での介護保険在宅サービス・施設サービスを利用している65歳以上の者は384万人（厚生労働省「介護保険事業状況報告書（月報2019年8月分）」2019年10月）で、2019年65歳以上の高齢者は3588万人（2019年9月15日に総務省が発表）であることから、65歳以上高齢者のうちわずか10.7%の者しか介護保険を利用していないことを今一度確認すべきである。

　素直にこの現実を見る時、高齢者の福祉サービスと介護サービスを分離していることにどれだけの意味があるのであろうか、と疑問を感じる。同一の根拠法、同一のサービス体系から、二つのサービスが一体的に提供されるべきである。

　結論から言えば、介護保険を税方式に戻すのが筋であろう。しかし、施行後20年を経過して定着した制度を税方式に改変するのはそう簡単ではない。この提案は、今後十分な時間をかけて公開での国民的な議論を十分すべきだと考えられる。

　ここでは、財源論は一旦ペンディングとして、高齢者が十分な介護サービスを受けることができ、なおかつ介護従事者の専門性を発揮できるよう速やかに行うべき介護保険の改善私案を示す。

　1点目、現行の複雑な要介護認定制度は廃止し、介護支援専門員（ケアマネージャー）により、対象者のサービス必要量を、Ⅰ類（軽度）、Ⅱ類（中度）、Ⅲ類（重度）の3つに分類し、幅を持たせた形のケア計画を作成する。2点目、介護労働者には、対象者のおよその計画を下に、現場において介護サービス量等を臨機応変に提供できる「裁量権」を付与する。3点目、介護サービスは、現行の金銭給付方式から現物給付方式に変更し、一部負担は廃止する。

注

1　介護サービス費の支給に関し介護保険法 40 条では、居宅介護サービス費の支給、特例居宅介護サービス費の支給、地域密着型介護サービス費の支給、特例地域密着型介護サービス費の支給、居宅介護福祉用具購入費の支給、居宅介護住宅改修費の支給、居宅介護サービス計画費の支給、特例居宅介護サービス計画費の支給、施設介護サービス費の支給、特例施設介護サービス費の支給、高額介護サービス費の支給、高額医療合算介護サービス費の支給、特定入所者介護サービス費の支給、特例特定入所者介護サービス費の支給、としている。

2　法的には、利用者本人が金銭給付を受けることとなっているが、個々人に給付するのは事務的にも煩雑になることから、事業者が本人に代わり受領している。

3　厚労省「介護保険とは」によると、「基本的な考え方」として、自立支援、利用者本位、社会保険方式の 3 点を挙げている。また利用者本位とは「利用者の選択により、多様な主体から保健医療サービス、福祉サービスを総合的に受けられる制度」としている。https://www.mhlw.go.jp/stf/seisakunitsuite/bunya/hukushi_kaigo/kaigo_koureisha/gaiyo/index.html、最終閲覧日 2020 年 8 月 14 日。

4　第 4 章で示された「コムスン事件」を参照のこと。

5　「岩手県の感染者に中傷続く」『朝日新聞』2020 年 8 月 1 日付朝刊。

6　*PRESIDENT Online*、2020 年 7 月 23 日付。

7　刀川眞・内藤孝一（2003）「医療消費者の自己責任意識と、主体的健康管理支援に向けた社会情報システムの課題」『情報システムと社会環境』2003-IS-84（6）、pp.39-46。三澤仁平（2016）「健康を維持し、増進する責任は誰にあるのか―社会経済的地位との関連から―」『立教社会福祉研究』34 号、立教大学社会福祉研究所、pp.9-17。

8　カワチ・イチロー著（2017）『社会疫学（上）』大修館書店、pp.28-29。

9　東京商工リサーチホームページ（2020）、https://www.tsr-net.co.jp/news/analysis/20200107_01.html、最終閲覧日 2020 年 3 月 18 日。

10　東京商工リサーチ（2020）p.1。

11　21 世紀・老人福祉の向上をめざす施設連絡会（2020）『第 5 回全国老人ホーム施設長アンケート結果　速報版』2020 年 2 月 29 日。特別養護老人ホーム 9134 カ所、養護老人ホーム 941 カ所、計 1 万 75 カ所に送付、2363 カ所より回答。

12　21 世紀・老人福祉の向上をめざす施設連絡会（2020）p.10。

13 全世代型社会保障検討会議（2020a）「第 7 回会議西村内閣特命担当大臣記者会見要旨」2020 年 5 月 22 日。

14 全世代型社会保障検討会議（2020b）「第 9 回会議議事録」2020 年 6 月 25 日。

15 全世代型社会保障検討会議（2020c）「第 6 回会議議事録」2020 年 2 月 19 日。

16 全世代型社会保障検討会議（2020c）。

17 同前。

18 同前。

19 同前。

20 同前。

21 同前。

22 同前。

23 同前。

24 同前。

25 同前。

26 同前。

27 同前。

28 厚生労働省（2018）「介護保険サービスと保険外サービスを組み合わせて提供する場合の取扱いについて」厚生労働省老人保健課長通知、2018 年 9 月 28 日。

29 公正取引委員会（2016）『介護分野に関する調査報告書』2016 年 9 月。

30 公正取引委員会（2020）「公正取引委員会の紹介」https://www.jftc.go.jp/soshiki/profile/index.html、最終閲覧日 2020 年 3 月 31 日。

31 公正取引委員会（2020）。

32 同前。

33 厚生労働省、農林水産省、経済産業省（2016）『地域包括ケアシステム構築に向けた公的介護保険外サービスの参考事例集』。

34 厚生労働省、農林水産省、経済産業省（2016）、p.1。

35 同前。

36 前掲、p.17。

37 公正取引委員会（2016）、p.102。

38 同前。

39 同前。

40 前掲、p.103。

41 厚生労働省老人保健課長（2018）「介護保険サービスと保険外サービスを組み

合わせて提供する場合の取扱いについて」2018 年 9 月 28 日。

42　「動き出す『混合介護』／豊島区　挑戦と苦闘の 3 年」、『週刊高齢者住宅新聞 online』2020 年 1 月 24 日付。

43　厚生労働省老人保健課長（2018）、p.1。

44　「平成 30 年度（2018 年度）生活困窮者自立支援制度実施調査集計結果」厚生 労働省社会・援護局、2019 年 2 月、p.8。

45　竹内洋（1971）「専門職の社会学　専門職の概念」、『ソシオロジ』16 巻 3 号、 1971 年。

46　基礎経済科学研究所（1982）『人間発達の経済学』青木書店、1982 年。

参考文献

芝田英昭「『混合介護』弾力化は社会福祉分野産業化の第一歩」『コミュニティ福 祉学部紀要』No.19、コミュニティ福祉学部、2017 年 3 月、pp.19-27。

芝田英昭「2017 年医療保険制度等改定の論点と『我が事・丸ごと』地域共生社会 の本質」『民医連医療』No.539、全日本民主医療機関連合会、2017 年 7 月、pp.6- 13。

芝田英昭他編『新版　基礎から学ぶ社会保障』自治体研究社、2019 年 3 月。

芝田英昭『医療保険「一部負担」の根拠を追う―厚生労働白書では何が語られた のか―』自治体研究社、2019 年 6 月。

芝田英昭「人生 100 年時代の社会保障制度改革『骨太方針 2019』から見えてくる もの」「高齢期運動のブックレット」No.4、一般社団法人日本高齢期運動サポー トセンター、2019 年 12 月、pp.1-13。

芝田英昭「全世代型社会保障検討会議『中間報告』の批判的検討」『生活と健康』 No.1108、全国生活と健康を守る会連合会、2020 年 3 月、pp.10-20。

芝田英昭「『全世代型社会保障への転換』の目指す方向と課題」『コミュニティ福 祉学部紀要』No.22、コミュニティ福祉学部、2020 年 3 月、pp.15-42。

芝田英昭「介護保険の根源的な問題とこれからを見通す」『住民と自治』通巻 688 号、自治体研究社、2020 年 8 月、pp.8-13。

第2章

高齢者の生活実態と介護保険

河合克義

1 高齢者の生活保障と介護問題の位置

　介護保険は「被保険者の要介護状態又は要介護状態となるおそれがある状態に関し、必要な保険給付を行うもの」（介護保険法第2条）である。この介護保険制度は2000年にスタートし、すでに20年が経過した。本章では、この20年間の介護保険制度の展開が、わが国の高齢者福祉にどのような影響を与えたのか、また高齢者の生活保障にとってどのような意味を持っているのかを検討したい。

　そこで、まず考えたいことは、高齢者の生活上の諸問題の中で介護問題がどのような位置にあるかということである。たしかに、高齢者にとって介護問題は重要な課題である。しかし、介護問題に対する施策があれば、高齢者の生活全体が保障されるわけではない。介護問題は、高齢者の生活問題の一部分でしかない。つまり介護保障は高齢者の生活保障と同じではないのである。

　厚生労働省の「介護保険事業状況報告」の概要（2020年5月暫定版）によれば、2020年5月末現在の第1号被保険者数、つまり65歳以上の高齢者数は3557万7572人である。同じく5月末現在の65歳以上の要介護（要支援）認定者数は668万5694人となっている。したが

って、第1号被保険者に対する65歳以上の認定者数の割合は、18.8%となる。ただし、介護認定を受けている人がすべて介護保険のサービスを利用しているわけではない。地域によって利用率は異なるが、介護認定を受けている人でサービスを実際に受けている人を8割とすると、高齢者のうち介護保険サービスを実際に利用している人は15.0%となる。

　このように、高齢者の1割半は介護保険制度の対象としてサービスを受給しているが、問題は残りの8割半の介護保険制度対象外の高齢者の生活の現実がどうなっているのかが明らかになっていないということである。

　いま、介護サービスの受給の有無を超えて、実際に高齢者が抱えている生活問題を全体的に把握する視点が重要ではないか。それは、真の介護保障のあり方、高齢者の生活を総合的保障する方向性を考えることでもある。

2　高齢者の生活実態
—— 貧困と孤立

　高齢者の生活実態を見る前提として、まずわが国の世帯構造の変化と高齢者のいる世帯の構成についてみておこう。

　図2-1は、全世帯に占める65歳以上の者がいる世帯の割合の年次推移をみたものである。全世帯に占める65歳以上の者がいる世帯の割合は、1980年には24.0%であったが、1990年で26.9%、2000年で34.4%、2015年で47.1%、2018年には48.9%と約5割にまで増加してきている。

　では、高齢者のいる世帯の世帯構成はどのようになってきたか、その年次推移を図2-2によってみてみよう。まず、三世代世帯の割合が、1980年に50.1%であったものが、2000年には26.5%、2015年には

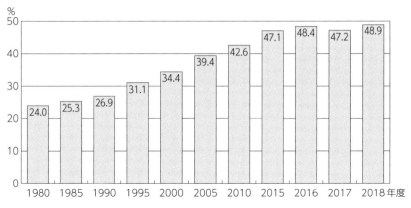

図 2-1 全世帯に占める 65 歳以上の者がいる世帯の割合の推移

出典：『令和 2 年版高齢社会白書（全体版）』p.9 より作成。

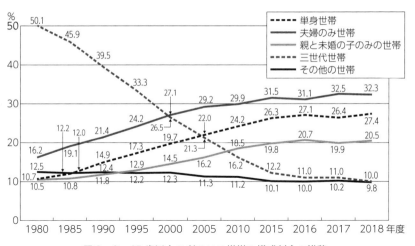

図 2-2 65 歳以上の者のいる世帯の構成割合の推移

出典：同前。

12.2%、2018 年には 10.0% と、全体の 5 割を占めていたものが 1 割
にまで急速に減少している。他方、夫婦のみ世帯が、1980 年に 16.2%
であったものが、2000 年には 27.1%、2015 年には 31.5%、2018 年に
32.3% に増加している。単身世帯については、1980 年に 10.2%、2000

年には 19.7%、2018 年には 27.4% となっている。また親と未婚の子のみの世帯は、1980 年 10.5% であったが、2000 年には 14.5%、2018 年には 20.5% となった。

　昨今、高齢者の貧困・孤立問題が深刻化してきているが、世帯構成をみると高齢者のみではなく若い世代を含んだ問題が指摘されている。例えば「8050 問題」が注目されている。それは、上記の「高齢者のいる世帯の世帯構成」においては「高齢の親と未婚の子どもの世帯」に関わることである。この世帯の割合が 1980 年当時の 2 倍になり、今や全体の 2 割を占めるようになっているのである。

　ところで、内閣府は、ひきこもりに関する調査を実施し、2019 年 3 月、その結果を公表している[1]。

　この調査は「全国の市区町村に居住する満 40 歳から 64 歳までの者及びその同居者を対象に、ひきこもり状態にある者の推計値や、ひきこもり状態になってからの期間、ひきこもり状態となったきっかけ等について調査し、40 歳以上でひきこもり状態にある者の状況等について把握することで、子供・若者がひきこもり状態となることを防ぐために必要な施策や、ひきこもりの長期化を防ぐための適切な支援を検討するための基礎データを得ることを目的」としたものである。調査対象は「本人 5000 人と同居する成人」で、有効回収数は本人 3248 人（有効回収率 65.0%）同居者 2812 人となっている。この調査結果から、40 歳から 64 歳までのひきこもり状態にある人は、61.3 万人になると推計されている。

　この調査結果で、広義のひきこもり群の家族構成（同居者）をみると（複数回答）、母が 53.2%、配偶者が 36.2%、父が 25.5%、子が 25.5%、きょうだいが 19.1% となっている。同居者がいない人は 10.6% であった。また広義のひきこもり群の主な生計者は、本人が 29.8%、父が 21.3%、母が 12.8%、配偶者が 17.0%、きょうだいが 6.4% となっている。

この調査はひきこもり群の数が少なく、推計に限界があるともいわれているが、ともあれ「8050問題」でいう主な生計者が親である者は、この内閣府の調査では、父が21.3％、母が12.8％となっているので、合計34.1％となる。この質問項目は複数回答なので、大ざっぱにこの3割の中に「8050問題」が含まれることになる。

　なお、川北稔は、この調査結果から「64歳までのひきこもり状態の人が『未婚の親同居者』という社会一般のイメージに必ずしも該当しない」と述べている[2]。

　ところで、2010年の所在不明高齢者問題も子ども世代の生活基盤がぜい弱であることを示した。その問題の端緒は、2010年7月に、東京都足立区で生きていれば111歳の男性が自宅で白骨化して発見されたことであった。この男性が亡くなったのは30年前で、同居していた家族が、この男性（父親）を生きていることにして年金を受け続けていたのである。いわゆる所在不明高齢者問題である。同年8月27日、厚生労働省は、100歳以上で271人、80歳以上で800人の所在不明者がいることを公表している。65歳以上でどのくらいの所在不明者がいるのかは公表されなかった。

　さて、図2-2のとおり、高齢者のいる世帯の世帯構成の中で、夫婦のみ世帯が、1980年に16.2％であったものが、2018年には32.3％に増加している。筆者は、2009年に千葉県君津市で高齢者二人世帯調査を実施した経験がある。その報告書に次のようなまとめを書いた。

　「一般に高齢者二人世帯は、ほとんどが夫婦世帯であるが、同居する一方が要介助状態になった場合、もう一人の同居者が中心となって世話をすることが多い。その場合、世話をする人は、家庭内での仕事に多くの時間を要するようになり、その結果、友人との接触、親戚のつきあい、趣味活動や旅行といったものが制限されてくる。それはネットワークの縮小化をもたらし、場合によっては世帯丸ごとの孤立を生み

出すこともある。二人で頑張れば頑張るほど生活にひずみが生じ、それは精神的に余裕をなくし、不安定化し、不安感を増すことになる」[3]。

　二人世帯であるがゆえに、問題が潜在化する傾向があることを認識したい。

　つぎに、**図2-2**の高齢者のいる世帯の世帯構成の中のひとり暮らし高齢者については、1980年に10.2%であったものが、2018年には27.4%と、約3割に増加していることに注目したい。ひとり暮らし高齢者の貧困・孤立の問題は、他の世帯と比較してもより深刻で、孤独死も多くはこの世帯群から発生している。

　いま、孤独死が改めて注目を集めている。孤独死は、特に1995年の阪神淡路大震災以降、注目されるようになっており、最近は増加傾向を示している。大阪府警は2019年の1年間に事件性がなく屋内で死亡し、死後2日以上経過して見つかった単身者（自殺含む）2996人についての分析データを発表した。このデータの解説は、『朝日新聞』2020年2月7日付朝刊で掲載され、筆者も大阪府警のデータを見せてもらい、紙面にコメントを載せた。

　この記事の主な内容を紹介しよう。まず単身者2996人の内、死後1カ月以上たって見つかった遺体は382体にのぼっていた。382体のうち男性は321人で、女性の61人に比べ5倍以上にもなっている。

　2996人を年代別にみると、65歳以上は71.0%を占める。そのなかで70代男性が792人で全体の26.4%となっている。一方で、65歳未満は29.0%であった。孤独死が高齢者だけの問題ではないことにも注目したい。

　ところで、東京都監察医務院の「事業概要」をみると、東京都23区において65歳以上の孤独死（ひとり自宅で死亡）の数は、2002年に1364人であったものが、2012年に2733人、2015年に3127人、そして2018年には3882人と、4000人に迫る増加傾向を示している。

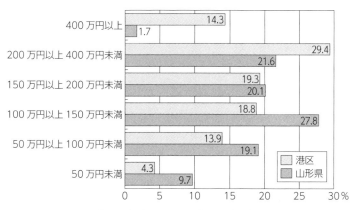

図2-3　港区と山形県のひとり暮らし高齢者の年間収入

注：山形調査 2011（n＝4571）年、港区調査 2011 年（n＝3413）
　　無回答を除く。

　なお、孤独死は、都市部だけの問題ではなく、全国的な社会問題の
一つとなっている。そして注目しなければならないことは、こうした
問題は、介護保険対象外の人々のところで発生しているということで
ある。サービスを利用している人は、一定のネットワークの中に生活
しているのである。

　こうした問題の背景は多岐に及ぶが、筆者は、経済的基盤、親族ネ
ットワーク、地域ネットワークの状況が大きな影響を与えていると考
えている。筆者の長年の地域調査から 2 つの地域のデータを紹介した
い。ひとつは、2011 年に東京都港区でひとり暮らし高齢者の悉皆調査
を、もう一つは同年に山形県の全市町でひとり暮らし高齢者の 20％ 抽
出調査を実施した。前者の回収率は 70％、後者の回収率は 95％ であ
った[4]。

　まず、港区のひとり暮らし高齢者の年間収入を見ると（図2-3）、最
も高い割合を示すのは「200 万円以上 400 万円未満」で 29.4％、「150
万円以上 200 万円未満」が 19.3％、「100 万円以上 150 万円未満」が
18.8％、「400 万円以上」が 14.3％、「100 万円未満」の合計が 18.2％ と

なっている（無回答を除く）。

　生活保護基準程度である年間150万円未満の人は、37.0％と4割弱となる。ここで注意したいことは、生活保護基準相当額以下で生活する人の割合である。生活保護を受給すると各種減免があるので、生活保護を受給していない高齢者においては生活保護基準額に減免等の分を上乗せしなければ、受給者と同程度にならない。そこで生活保護基準相当額を200万円とすると、この200万円未満のひとり暮らし高齢者は全体の56.3％となる。

　次に、山形県のひとり暮らし高齢者の年間収入を、同じく図2-3によってみてみよう（無回答を除く）。「200万円以上400万円未満」が21.6％、「150万円以上200万円未満」が20.1％、「50万円以上100万円未満」が19.1％となっている。

　注目したいことは、「50万円未満」層が9.7％いるということである。年間50万円は、月にすると4万円程度の収入となる。持ち家に住み、周りの畑で野菜を作ったとしても、収入が月4万円しかないひとり暮らしの生活は、食べていくだけの生活で、文化的な活動は乏しいものであった。

　山形県の生活保護基準額は、年間120万円程度である。生活保護基準相当額を山形県で設定するとほぼ150万円となる。この150万円未満の者の割合は56.6％であった。

　日本でもトップレベルの豊かに地域である港区と山形県のひとり暮らし高齢者の56％が、どちらも経済的に不安定な状態にあることは、驚くべき事実である。筆者は、全国的にはひとり暮らし高齢者の半数がその状態にあるとみている。経済基盤がぜい弱な世帯は、家計の中での交際費が縮小する傾向があり、その結果、親族や地域のつながりが希薄化していくことになる。

　図2-4は、港区と山形県のひとり暮らし高齢者の緊急時の支援者が誰かを尋ねたものである。港区と山形県とも、最も割合が高いのは、

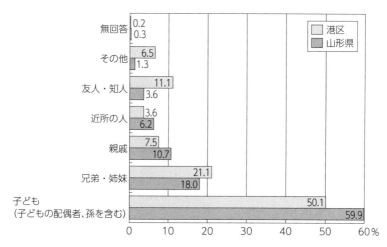

図2-4　港区と山形県のひとり暮らし高齢者の緊急時の支援者

注：山形調査 2011（n＝4751）年、港区調査 2011 年（n＝3152）

「子ども（子どもの配偶者、孫を含む）」で、港区で 50.1％、山形県で 59.9％ となっている。次いで「兄弟・姉妹」で、港区が 21.1％、山形県が 18.0％、「近所の人」については、港区が 3.6％、山形県が 6.2％ であった。「友人・知人」については、港区で 11.1％、山形県で 3.6％ となっている。全体として、いざ何かあった時に頼っているのは「子ども」が大半を占めている。なお、「友人・知人」については、港区の割合が山形県より 7.5 ポイント多い。

　家族とのつながり状況を測定する指標として、筆者は、正月三が日を誰と過ごしたかという設問を長年の調査で重視してきた。正月三が日を過ごした相手をみると（複数回答、**図2-5**）、山形県では、子どもが 78.7％ となっているのに対し、港区は 37.4％ であり。その差は 41.3 ポイントもある。しかし、正月三が日をひとりで過ごした人は、山形県で 26.7％、港区で 33.4％ と、都市と農山村という違いを超えて 3 割前後となっている。日本は、これまで家族関係がしっかりしていると考えられてきたが、いま、そのネットワークに大きな変化が起こって

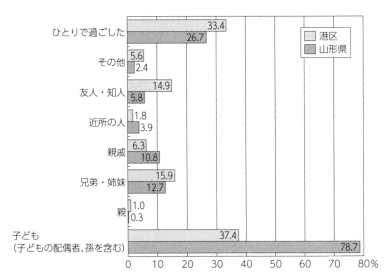

図2-5　港区と山形県のひとり暮らし高齢者の正月三が日を
過ごした相手（複数回答）

注：山形調査2011（n＝4994）年、港区調査2011年（n＝3838）

きているのではないか。

　また、日本全体での地域格差の進行に伴って、近隣ネットワーク、知人のつながりも希薄化してきている。

3　介護保険制度の政策理念と現実

　2000年にスタートした介護保険制度は、どのような政策であったのか、その理念と現実を検討しよう。

　介護保険制度の制度設計の基礎にある考え方を示したものとして、厚生省の「高齢者介護・自立支援システム研究会」（座長・大森彌）による『新たな高齢者介護システムの構築を目指して』と題する報告書（1994年12月）がある。この報告書のなかで「福祉」について次のように記されている。そこには、当時の政策の意図が明確に示されてい

るので、少し長い文であるが引用したい。

・今日に至るまで、高齢者介護に関する公的制度として中心的な役割を担ってきたのは、「措置制度」を基本とする老人福祉制度である。

　老人福祉に係る措置制度は、特別養護老人ホーム入所やホームヘルパー利用などのサービスの実施に関して、行政機関である市町村が各人の必要性を判断し、サービスを提供する仕組みである。この本質は行政処分であり、その費用は公費によって賄われるほか、利用者については所得に応じた費用徴収が行われている。

・このシステムは、資金やサービスが著しく不足した時代にあっては、サービス利用の優先順位の決定や緊急的な保護などに大きな役割を果たし、福祉の充実に寄与してきた。また、近年は、ニーズの多様化等を踏まえ、契約入所のモデル実施や利用券方式の導入、事後承認制の検討が進められるなど、時代の要請に合った制度運営の弾力化に向けて関係者の努力が払われてきている。

・しかし、今日では、高齢者を「措置する」、「措置される」といった言葉そのものに対して違和感が感じられるように、高齢者をめぐる状況が大きく変化する中で、措置制度をめぐり種々の問題点が生じている。

　利用者にとっては、自らの意思によってサービスを選択できないほか、所得審査や家族関係などの調査を伴うといった問題がある。被保険者がサービスを積極的に受ける権利を持つ社会保険に比べると、国民のサービス受給に関する権利性について大きな違いがある。

　さらに、その財源は基本的に租税を財源とする一般会計に依存しているため、財政的なコントロールが強くなりがちで、結果として予算の伸びは抑制される傾向が強い。

　わが国においては、社会保障給付費で見ても、医療と年金が９割を占め、福祉分野は低いシェアにとどまっているが、その背景の一つに

は、このような福祉制度自体の制度的な限界をあげることができる[5]。

　この報告書の文章の主張を整理すると次のようになる。まず「措置制度」である福祉制度を時代遅れのものと評価している。「高齢者を『措置する』、『措置される』といった言葉そのものに対して違和感が感じられる」「措置制度をめぐり種々の問題点が生じている」とし、措置制度では「サービスを選択できないほか、所得審査や家族関係などの調査を伴う」という問題がある。また、措置制度よりも社会保険の方が「被保険者がサービスを積極的に受ける」「権利性」が明確だ。そして、税制による福祉制度は、「財政的コントロールが強く」「予算の伸びは抑制される傾向が強い」。最後に、社会保障給付費全体の中で、医療と年金で9割を占め、福祉分野の予算は低いことを挙げ、そのことが福祉予算が少なくなっている原因だという。そこから介護問題は社会保険制度でカバーすべきだという方向を提言した。

　まず、この報告の問題の第1は、措置制度を古いもので廃止すべきだと言わんばかりだということである。そもそも社会保険制度で福祉制度が対象としてきた問題をカバーできるのか。すでに述べたように、2020年5月末現在で、高齢者のうち介護保険サービスを実際に利用している人は1割半程度である。高齢者の1割半を対象に介護サービスを展開するのみで、高齢者の生活問題全体をカバーできるわけではない。

　問題の第2は、措置制度では利用者がサービスを選択できないのに対し、社会保険制度は利用者がサービスを自由に選択できるとしたことである。しかし、この選択化については、介護保険制度がスタートする前から問題が指摘されていたことを忘れてはならない。例えば、1999年1月の障害者関係三審議会合同企画分科会の意見具申「今後の障害者保健福祉施策の在り方について」では、サービスの〈「選択」を保障するための条件整備〉ということを述べている。

「障害者が自ら選択し、必要とする福祉サービスを利用することが尊重されることは当然のことであるが、知的障害者や精神障害者のうち、自己の能力で様々な福祉サービスを適切に利用することができない者について、これらの者の権利を擁護し、地域において安心して生活を送れるよう支援する必要性が高まっている」と。

　ここから成年後見制度の必要性と、さらに「地域福祉権利擁護事業」が提案された。前者の成年後見制度は、介護保険制度とともに2000年4月に施行され、また後者の地域福祉権利擁護事業は、1999年10月に導入され、事業の対象は「痴呆性高齢者、知的障害者、精神障害者など判断能力が不十分な者」となっている。

　ともあれ、介護保険制度によって、本人の申請、契約の締結が中心に据えられ、この方向は福祉制度全体に影響を及ぼし、行政は住民の申請意思を重視し、問題を抱えつつも声をあげない住民を見る力が行政職員において弱体化して行った。その後、政策的に「介護保険法との整合性を考慮」する方向性が示され、障害者、児童分野にも影響をもたらしたのである。その典型的な例は、応益負担を導入した2006年の障害者自立支援法であった。障害者が福祉サービスを利用することが〈利益〉だとされたことに国民的怒りが起こり、「障害者自立支援法違憲訴訟」が提訴された。

　「高齢者介護・自立支援システム研究会」報告の問題点の第3は、「権利性」ということである。社会保険制度の方が、権利性が明確で、国民はサービスを積極的に利用するというが、この権利性とは、保険制度は〈保険料を国民が払っているから堂々と制度を利用するようになる〉という意味程度であり、本来の権利の概念とは異なる。

　第4は、税制だと福祉財源が確保できない、社会保険の方が予算が安定的に確保できるという主張であるが、これ自体、理解できないが、そもそも社会保険制度で福祉制度をカバーできるものではないことは最大の問題であろう。

さて、2000年に介護保険制度がスタートして、社会保障・社会福祉政策全体が社会保険中心の展開になってきた。結果として福祉サービスの縮小・廃止となった。

　例えば、高齢者領域の在宅サービスの一つとして「在宅高齢者等日常生活支援事業」（1997年）という国の事業があった。この制度は、奨励的な意味で実績に応じた補助制度であり、国は3分の2の負担をしていた。1999年には、制度の名称が「在宅高齢者保健福祉推進支援事業」となり、国の補助率が2分の1に引き下げられた。介護保険制度にあわせて福祉サービスが再編される動きが進んだのである。

　さて、介護保険制度がスタートした2000年には「介護予防・生活支援事業」と名称がさらに変わり、介護保険との連動をさらに意識した名称になった。国の補助率は同じ2分の1であった。そして、2004年には名称がさらに変更され、「介護予防・地域支えあい事業」となった。

　翌年2005年は介護保険制度の見直しが行われた年である。制度の見直しの結果、2006年4月、新たに介護保険制度の中に「地域支援事業」が創設された。それに伴い「介護予防・地域支えあい事業」（年間予算約400億円）が廃止されることになった。介護予防に関わるサービスについては一部、地域支援事業に移行されたが、それまでの高齢者のための在宅福祉サービスは消滅したのである。さらに、2007年4月からは国家予算から「老人福祉費」という費目が削除された。

4　生活問題への総合的対応と福祉制度の再構築

　介護保険制度が想定する対象者は、〈自分から制度を選択できる人〉である。そして政策としては、「措置から契約へ」つまり、税制による社会福祉制度ではなく社会保険制度へ転換し、国民の側がサービスを選択し、契約をする方式にしようとした。さらに、介護保険制度の政策理念としてスタートしたこの考え方は、当時の厚生省が自ら「社会

福祉基礎構造改革」と称して、介護保険制度以外の福祉制度全般に広げようとした。それを法的に規定したものが2000年5月に成立した「社会福祉法」である。

　こうして〈自分から制度を選択できる人〉を想定した政策が、介護・福祉の領域全体に行き渡ることになった。この政策の一番の問題点は、結果として、行政の職員や地域の専門家が、地域に潜在化し、声をあげない住民の現実を見ることが困難な体制となって行ったことである。

　そもそも、生活上の問題を抱える人は、自分が抱える問題がどういうものか、それを解決する制度にはどのようなものがあるのか、どのようにすれば制度を利用できるかといった知識・力を持っている人は多くはない。制度は複雑であり、有効に利用できる人は限られている。それゆえ、行政から問題を抱えつつも制度につながっていない人を把握する事が求められている。

　筆者は、2011年2月に地方自治体の調査研究機関として設立された「港区政策創造研究所」の初代所長に任命され、いくつかの大規模調査を指導する機会を与えられた。高齢者領域の調査としては前述の港区におけるひとり暮らし高齢者に対する悉皆調査（2011年）と75歳以上の高齢者を含む2人世帯に対する悉皆調査（2012年）がある。前者の調査結果を受けて、介護保険制度や福祉制度等を一切利用していない孤立している高齢者の実態が明らかになり、そうした人々全員を訪問する制度として「ふれあい相談員」事業を開始した。この事業は、2011年6月に区内の一部地域でモデル実施されていたが、調査結果を受けて2012年度から区の全域をカバーする制度に拡充させた。その後、75歳以上の高齢者を含む2人世帯に対する悉皆調査の結果から、ふれあい相談員の訪問対象として「複数の75歳以上の高齢者のみで構成される世帯」が加えられて現在に至っている。ふれあい相談員は、現在12名となっている。

　表2−1は、2018年度の港区ふれあい相談員の活動実績である。2018

表2-1　2018年度ふれあい相談員の活動実績

1　訪問活動の実績

項　目		説　明	芝	麻布	赤坂	高輪	芝浦港南	合計
ひとり暮らし高齢者	訪問対象者（人）	介護保険や区の高齢者サービス等の利用がないひとり暮らし高齢者	712	797	696	1096	728	4,029
	面会人数（人）（実数）	相談員が対象者宅を訪問し、本人及び関係者と面会できた人数	585	691	673	1040	717	3,706
	面会率（%）	訪問率＝面会人数／訪問対象者	82.2	86.7	96.7	94.9	98.5	92.0
75歳以上高齢者のみ世帯	訪問対象（世帯）	介護保険や区の高齢者サービス等の利用がない高齢者のみ世帯	302	349	321	513	303	1,788
	面会世帯数（世帯）（実数）	相談員が対象者宅を訪問し、本人及び関係者と面会できた人数	274	326	310	476	301	1,687
	面会率（%）	訪問率＝面会人数／訪問対象者	90.7	93.4	96.6	92.8	99.3	94.4
訪問件数（件）（延数）		相談員が訪問した延件数	2,198	2,745	2,135	2,970	2,090	12,138
見守り継続者数（件）		心身の理由等で継続見守りが必要な高齢者数	14	31	31	54	12	142
支援につなげた件数（件）		相談員の訪問により、介護保険や区の高齢者サービス等につなげた件数	233	66	162	384	322	1,167
相談件数（件）		本人、家族、近隣住民、民生委員、関係機関等と相談した件数	868	1,186	1,009	1,453	1,399	5,915

2　支援につなげた件数の内訳（件）

	介護保険認定申請	緊急通報システム	配食サービス	訪問電話	救急キット	ごみ戸別訪問収集	地域での見守り依頼	医療機関受診	相談センター	その他	計
合計	100	24	38	3	475	4	24	47	148	304	1,167

資料：港区保健福祉支援部高齢者支援課在宅支援係調べ

年4月から2019年3月までのひとり暮らし高齢者への面会人数は3706人、面会率は92.0%である。また、75歳以上高齢者のみ世帯への面会世帯数は1687世帯、面会率は94.4%である。見守り継続者数は142件、支援につなげた件数は1167件となっている。つなげた支援の内容

と件数については、「救急キット」が475件と最も多く、ついで「相談センター」が304件、「介護保険認定申請」が100となっている。このふれあい相談員事業は、制度を利用しようとも思っていない、まさに声をあげない人々へのアウトリーチのシステムである。この財源は、東京都の補助金で賄われている（一部、港区の上乗せあり）。こうした制度は、本来、国家予算で行い、全国に普及させるべきものといえる。

　ところで、介護保険制度はサービスを受けている高齢者の生活問題をどのようにと捉えているのであろうか。筆者が一番問題あると考えていることは、サービスの対象を細切れ化し、個別ニーズに分解したことである。つまり、ホームヘルプサービスも、例えば買い物、掃除、介護、看護、リハビリ、入浴等のメニューの中から提供サービスが決定されている。サービスが部分的となり、高齢者の全体的生活問題には、介護保険サービスでは対応できない、してはいけないものとなっている。決定されたサービスが対応するニーズ以外は、プライバシーの問題からも関わっていけないこととなっている。

　施設体系も、介護だけではない〈生活施設としての〉特別養護老人ホームの機能が弱体化され、介護保険に限定された施設に転換された。つまり、動ける人で生活問題を抱える人が、家庭で生活できず施設を希望しても入ることができる施設がほとんどなくなったということである。現在、特別養護老人ホームに老人福祉法にもとづく措置で入所している高齢者はごく少数となっている。

　他方、老人福祉の措置施設として養護老人ホームがある。その数は、全国で約950施設、入所者約6万4000人となっている。この施設は、介護保険スタート時の措置制度批判から、時代遅れの施設かのようにいわれ、注目されない存在となってしまい現在に至っている。養護老人ホームを対象とする研究も少なくなっている。しかし、いま高齢者の貧困と孤立問題の深刻化のなかで、養護老人ホームの重要性が改めていわれるようになってきた。家族からの虐待で家を出ざるを得ない

高齢者、生活管理ができなくなったひとり暮らし高齢者、認知症が進んだひとり暮らし高齢者等々、養護老人ホームの必要性が客観的に高まってきているといえる。

　ただし、地方自治体レベルでは、生活困難な高齢者に対応する場合、高齢福祉担当者が措置制度よりは生活保護や介護保険制度を活用する傾向となっており、全国的には養護老人ホームの1割程度の定員割れが起こっている。その理由として、2005年の養護老人ホーム保護費負担金が国および都道府県から市町村に税源移譲されたことがあり、その結果、地方自治体での「措置控え」が起こっているといわれている。

　公益社団法人全国老人福祉施設協議会（以下、「全国老施協」と略す）は、2019年3月に「養護老人ホームの被措置者数に関する調査」の結果を発表している。この調査は、全国老施協が調査主体となり、養護老人ホームの入所率、そして各市区町村の措置状況からいわゆる「措置控え」の実態を明らかにしようと実施された。具体的には全国の養護老人ホームを調査対象にして、2018年4月1日現在の入所者について、どの自治体から何人が措置されているのか等、被措置者数の状況を把握したものである。調査期間は、2018年4月から12月までとなっている。

　調査の回収状況であるが、全国老施協の非会員施設も含めて、調査時点の2018年4月で養護老人ホームが全国に953施設あり、その全数を対象とし、回収数は884、回収率は92.8％となっている。まず、入所率（定員に対する現員数の割合）は、全国平均で89.9％となっている。この平均値を上回る施設は7割となっているが、残りの3割の施設の平均入所率は71.8％であった。最も低い養護老人ホームの入所率は、20.0％である[6]。

　高齢者の生活実態から介護保険制度を見たとき、介護保険制度は、高齢者の一部を対象にした制度であり、そして生活問題の一部分を切り取った狭い対応システムなのである。それゆえ、高齢者の生活問題

を総合的に解決する方向が求められている。

　筆者は、在宅サービスの基礎的部分については、行政が責任を持ち、現業サービス部門を行政内部に位置付け直すこと、また施設サービスについては、介護施設だけではなく「生活施設としての老人ホーム」を再構築することが必要だと考えている。

注

1　内閣府「生活状況に関する調査（平成30年度）」2019年3月、https://www8.cao.go.jp/youth/kenkyu/life/h30/pdf-index.html、2020年9月2日閲覧。

2　川北稔（2019）『8050問題の深層―「限界家族」をどう救うか―』NHK出版新書、p.27。

3　君津市社会福祉協議会（2010）『千葉県君津市における高齢者二人世帯の生活と意識に関する調査報告書』p.1。

4　港区政策創造研究所（2012）『港区におけるひとり暮らし高齢者の生活と意識に関する調査報告書』および山形県民生委員児童委員協議会（2012）『山形県におけるひとり暮らし高齢者の生活と意識に関する調査報告書』を参照されたい。

5　厚生省高齢者介護対策本部事務局監修（1994）厚生省「高齢者介護・自立支援システム研究会」『新たな高齢者介護システムの構築を目指して―高齢者介護・自立支援システム研究会報告書―』ぎょうせい、pp.13-14。

6　河合克義・清水正美・中野いずみ・平岡毅編（2019）『高齢者の生活困難と養護老人ホーム―尊厳と人権を守るために―』法律文化社、p.182参照。

参考文献

河合克義編著『ホームヘルプの公的責任を考える』あけび書房、1998年。

河合克義『大都市のひとり暮らし高齢者と社会的孤立』法律文化社、2009年。

河合克義編著『福祉論研究の地平―論点と再構築―』法律文化社、2012年。

河合克義『老人に冷たい国・日本―「貧困と社会的孤立」の現実―』光文社新書、2015年。

河合克義・長谷川博康『生活分析から政策形成へ―地域調査の設計と分析・活用―』法律文化社、2017年。

第3章

介護保険の誕生からたどる現在の課題

服部万里子

はじめに
——検証課題は5点

　老人福祉法に基づき税金を財源として市町村が介護サービスを決する「措置制度」から、強制加入で保険料を徴収し、利用者がサービスを選択し利用する「介護保険制度」に移行して20年が経過した。

　介護保険20年の検証課題は第1に介護保険で必要なサービス受給ができているか。第2は家族の介護負担は軽減されたか。第3は医療や多職種と連携するケアマネジメントが機能しているか。第4は介護サービス提供事業所の経営と介護職の充足は進んだか。第5は保険者である市町村の役割と介護保険の財源の検証である。介護保険はスタートから20年間で法律6回、介護制度と報酬が7回変わった（表3-1）。これらの経過に沿い検証を進める。最後に介護保険の今後の動向と課題を整理する。

1　2000年、介護保険制度の創設と5つの課題

　介護保険創設時に5つの課題がどのような現状であったかをまとめ

表3-1 介護保険法と介護保険制度報酬改定経過

- ・1997年（H9年）12月
- ・**介護保険法制定** 実施までの期間に保険者（市町村）・被保険者、要介護認定制度、介護保険サービス、介護度別の利用限度額サービス利用計画を立てるケアマネジメント、サービス事業所の指定などを決め。市町村が65歳以上の保険料設定、徴収を国保代行
- ・2000年（H12年）4月 **介護保険開始** 1999年から施設入所、入院中、在宅の要介護認定実施。サービス事業所指定実施、市町村は介護保険事業計画作成
- ・2003年（H15年）4月 **第1回報酬改定** ▲2.3% 在宅重視 自立支援 介護予防、訪問介護の生活支援は報酬減額、身体介護は増額
- ・2003年4月 **支援費制度** 失敗、見直し：介護保険の年齢引下げと関係し、制度化されたが、精神障害、難病が除外されていた点、措置から契約に変わり財源の不足などから見直し⇒2006年障害者自立支援法
- ・2005年（H17年）10月 **介護保険法改正−1** ①要介護1⇒要支援2、②地域密着型サービス、③小規模多機能型サービス、④事業所の6年ごと指定更新制、⑤介護予防事業開始、⑥地域包括支援センター、⑦主任介護支援専門員
- ・2006年（H18年）4月 **第2回報酬制度改正** ▲2.4% 在宅軽度▲5%、在宅中重度+4%、施設▲4% 要支援以降で限度額減額、在宅重視、自立支援、ケアマネに特定事業所加算（予防プラン受託は対象外）施設に居住費導入、食事は人件費も自費で報酬減額、捕捉給付導入
- ・2006年（H18年）4月 **高齢者虐待防止及び養護者支援の法律施行** 前年に法制化、虐待、死亡、心中増加が背景、厚生労働省が毎年発表。虐待は増加
- ・2007年（H19年） 事業所の改善勧告に「指定事業所取り下げ」で対応、5年間指定更新 **コムスン事件** 介護保険の指定が5年間受けられなくなり、各県ごとに売却され、撤退した
- ・2008年（H20年） **介護保険法改正−2** コムスン事件で臨時の介護保険改正…法令順守、業務管理体制の担当者等届ける、①事業所等へ立入り検査、改善勧告、改善命令、②事業廃止、休止届けは1カ月前まで、③連座制は届出先で判断できるように変更
- ・2009年（H21年） **第3回報酬改定** +3.0% 地区加算で増減、専門職配置と常勤率で加算、医療系サービスアップ、認知症加算
- ・2011年（H23年） **介護保険法改正−3** サービス付き高齢者住宅への併設の上限設定型サービス、定期巡回随時対応訪問介護看護、看護小規模多機能新設
- ・2012年（H24年） **第4回介護報酬改定** +2.0（実質−0.8%）地域包括ケア・サービス付き高齢者住宅と上限設定サービス併設・介護職医療行為
- ・2014年（H26年） **介護保険法改正−4** 介護保険法含め19本の「医療及び総合的な確保の促進に関する法律」制定
- ・要支援の訪問介護と通所介護は総合事業へ、特養ホームは要介護3以上、捕捉給付に条件、所得に応じ2割負担、地域包括ケアの法制化
- ・20015年（H27年） **第5回介護報酬改定** ▲2.27%、①2割負担・捕捉給付・要支援の地域移行・中重度・認知症対応強化、②介護人材確保、③サービス表か、効率的な提供体制、④集合住宅の減算見直し
- ・2016年（H28年）6月 日本一億総活躍プラン閣議決定
- ・2017年（H29年）2月 「我が事・丸ごと」地域共生社会実現本部
- ・2017年（H29年） **介護保険法改正−5** 市町村の介護改善に交付金、障害・児童福祉と共生サービス・所得に応じた3割負担・介護医療院、共生型サービス誕生
- ・2018年（H30年） **第6回介護報酬改定** 0.54%・H29年処遇改善で3割負担・福祉用具上限設定・生活支援回数設定・市町村に改善で交付金・共生型サービス・認定審査緩和・特定事業所・サービス提供体制・重度・認知・医療行為・改善加算
- ・2019年（令和1年） 消費税増税で0.39% 介護報酬、介護度別限度アップ、食事などアップ、介護職給与アップ
- ・2020年（令和2年） **介護保険法改正−6** 社会福祉法改正（6月）の中で介護保険法改正

出典：筆者作成。

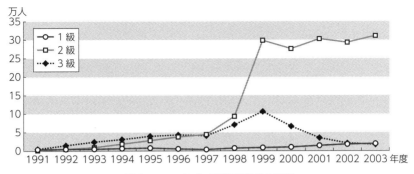

図3-1　ヘルパー研修受講者の推移

出典：厚生労働省「介護サービス施設・事業所調査」2003年。

る。介護保険創設時の課題は第1の必要なサービス受給のためのサービス量が確保できるかが最大の課題であった。ヘルパー登録数は1970年7341人、1980年1万3220人、1990年3万5905人であった。介護保険では「訪問介護事業所」の指定を受ける条件は、ヘルパーはそれまでの「無資格者」では認められず、研修会場が満杯の盛況となった（**図3-1**）。

　第2の家族介護負担に関しては「家族の介護から社会的な介護に変わる、老後は安心」と国は宣伝し、その期待が創設時には高まった。第3の「介護保険の要」として厚生労働省が位置づけたケアマネジャー育成に関しては1998年10月第一回介護支援専門員受講試験が行われ20万7080人が受験、合格者9万1269人、合格率44.1％であった。ケアマネジャーの確保とケアマネジメントを行う居宅介護支援事業所の創設に関しては、各種サービス事業所はケアマネジャーを確保して居宅介護支援事業所を併設することにより「ケアプランに併設の自社サービス種別が組み込まれ」、「サービス事業所の選定に自社が選定される」ことを目的として、ケアマネジャーを確保し、居宅介護支援事業所を立ち上げるサービス事業所が増え「居宅介護支援事業者」の指定が急増した。

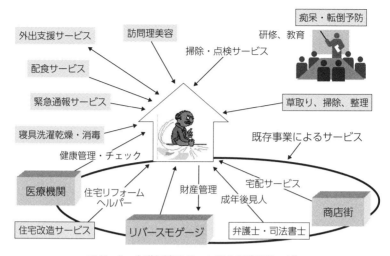

図3-2　介護保険スタート時の保険外サービス

出典：筆者作成。

　第4のサービス不足に対し国はサービス事業所の確保とシステム構築に全力投入した。事業者には、「高齢化で需要は急増する」「9割保険支払いで取りはぐれがない」「ビジネスチャンス」「人に役立つ仕事」と夢を振りまいたのである。その結果、介護関連以外の保険、金融、あらゆる業界が介護事業に参入し、さまざまなビジネスモデルが検討された。介護保険は医療機関や社会福祉法人以外の民間企業では保険外のサービスを「横出し」、限度額を超えたサービスを自費で利用する「上のせサービス」として介護関連サービスをビジネス化する動向が活発した（図3-2）。

　特にケアマネジャーを獲得すると外から見えにくい在宅高齢者の経済力や家族との関係性、生活の関心などが把握でき、ワン・ツー・ワンマーケッティングができると介護保険事業所がさらに他のサービスを併設しビジネス化する動きが広がった。介護サービスの情報は国のWAM（welfare and medical service network system）ネットが網羅していた。この時点で介護保険とIT ビジネスの活躍も期待され、介

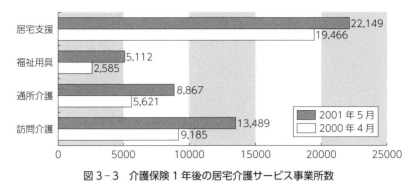

図3-3　介護保険1年後の居宅介護サービス事業所数

出典：WAM、https://www.wam.go.jp/content/wamnet/pcpub/top/appContents/twitter
guide.html より筆者作成。

護ビジネスへの期待が膨らんだ（図3-3）。

　介護保険以前に独自な研修システムを持ち、多様な主体が地域の住民参加団体が互助方式で全国にケアワーカーによる介護サービスを提供していた。住民参加型組織に法人格を付与することにより介護保険の事業者になることを意図して制定されたのが1998年3月非営利活動促進法である。住民参加型の団体も「会員制の自費サービス」から介護保険と枠外サービスの提供をする方向で介護保険事業者に参入した。

　第5の保険者である市町村の役割と介護保険財源は、市町村はだれが被保険者であるか65歳以上の人を把握し、保険料を決め、要介護認定を行い、制度に基づき保険給付を行う役割を遂行した。また、当該市町村のサービスの必要量を算定し介護保険事業計画を作成した。財源として65歳以上は年金から天引き、40～65歳未満は介護保険料を医療保険から徴収（事業主負担あり）、国保は所得割で徴収（国庫負担あり）を行った。初めて「徴収率の高い強制徴収の仕組み」を創設したのである。加えて「介護保険は保健・医療・福祉」に対応するとして、それまで医療保険で支払われた医療系サービスを介護保険のサービスに変更し、財源を介護保険に変えた。医療費の抑制になるが、「介

護保険費用」の増加につながったのである。そして国は「理解促進」として「いつでも、どこでも必要なサービスが使える、1割で使える、サービスは選べる、ケアマネジャーが相談にのる」と広報したのである。

2　第1課題＝介護保険で必要なサービスは受給できているのか

　検証の結果は、サービス受給者は中重度中心型へ移行し、自己負担増加で利用抑制に動いている。以下に4つのポイントから検証する。

1)　介護保険受給者は中重度中心型に移行し利用が抑制された

　第1回の介護保険法改正が2005年10月に行われ、「軽度介護が悪化しているのはケアプランの問題」として、利用者の32.4％を占めていた「要介護1」を、介護認定更新毎に「要支援2」に移行した。「要介護1」に残るのは認知症の「日常生活自立度2以上」と「半年内に悪化する状態不安定の人」と判定された人のみになった。この振り分けは市町村が行う介護認定審査会が「要介護1の認定基準時間の者」を主治医の意見書の記載から「6カ月以内悪化する症状不安定（ガン末期、神経難病、急性の状態など）」なのか否かを判定する方式で振り分けた。その結果、2005年4月時点で132万78人（認定者の32.4％）の「要介護1」が2010年4月に65万3899人（認定者の13.4％）と半減した[1)]。

　要介護1が要支援2に変わると介護保険の介護別支給限度額（サービス利用の上限額）が16万5800円から10万4000円に4割下がり、要支援2は要支援1になると6万1500円から4万9700円と2割下がった。自費でサービスを利用できる人は限られており、利用抑制が行われたのである。

この要支援1・2の利用者は「介護が必要にならないようにする介護予防サービス」と位置づけられ、ケアプランは「予防プラン」として、2005年の介護保険法改正で誕生した地域包括支援センターが「予防プラン」を作成することになった。さらに2014年4回目の介護保険法改正が「医療及び介護の総合的確保の促進に関する法律」により、予防訪問介護と予防デイサービスは全国一律の介護保険サービスから「市町村総合事業」に移行した。この段階で要支援の介護サービス利用者の43.7％が予防訪問介護を、42％が予防通所介護を利用しており、人数が120万人である。これらが介護保険サービスから外れた影響は大きい。費用的には予防サービス費用の約半分2800億円である。「市町村総合事業」は市町村による取り組みの格差があり、また報酬が低いために参入事業者が限定され、サービス利用は大きく減少した[2]。

2) 介護老人福祉施設は重度中心で要介護3以上に入所限定

介護保険以前に特別養護老人ホームは「在宅で介護が受けられない人」が対象であり、介護保険スタート時からは「要介護1以上」に限定された。それ以前に入所していた人は、そのまま継続入所が認められた。2014年の「医療及び介護の総合的確保の促進に関する法律」は中重度中心型への移行として介護老人福祉施設（特別養護老人ホーム）は「要介護3」以上と入所条件か変わった（介護虐待で措置入院を除く）。この時点で入所者の3％が要介護1、入所者の9％が要介護2であった。この人たちは退所させられないが、この時点で要介護1・2の特養待機者は行き場を失ったのである。施設の介護職配置は変わらずに重度者が増えたことで介護負担は増加し、人材確保と介護の質確保が大きな課題となった。

3) 利用者負担が1割から2割、3割負担へ

介護保険は利用者負担1割で9割は保険給付であったが、2014年の

「医療及び介護の総合的確保の促進に関する法律」で65歳以上に所得に応じた２割負担が導入された。2017年の介護保険法改正で３割負担が導入された。毎年８月から「介護保険負担割合証」が利用者に送付され、前年度の所得により自己負担が２倍、３倍になる人が出てきた。2020年時で介護保険利用者496万人の3.2％が３割、5.8％が２割負担である。国は２割負担の所得を下げることにより、ほとんどを一律２割負担にする方向を検討している。また、高額介護費で一定額以上の自己負担は後から戻る仕組みがあるが、その高額介護費の戻す基準の見直しも現在検討されているのである。

4) 施設とショートステイに家賃と食事代は材料費以外も自己負担へ

　介護保険導入以降、国は施設の個室ユニット化を進めてきた。2006年、介護保険の２回目の報酬改定から、施設や短期入所（ショートステイ）に家賃が導入された。ユニット型個室、従来型個室、多床室に分け家賃が徴収されることになり、その分施設への介護報酬が減額された。施設、ショートステイの食事代は、介護保険スタート時は材料費が自己負担であったが、この制度改正で厨房の人件費、水道光熱費等すべてが自己負担になり、価格は施設により自由価格だが、非課税世帯への負担補塡が設定された。

　家賃導入時に「払えない低所得者は施設から出されるのか？」の声が上がり、住民税非課税世帯は非課税の所得に応じて減額され、差額を介護保険から施設に払うことになった。これが「補足給付」である。2014年の「医療及び介護の総合的確保の促進に関する法律」でこの補足給付に世帯の預貯金の額により非課税であっても補足給付をしない、障害年金も収入に加える等の条件が課せられた。毎年８月に「介護保険負担限度額認定証」が市町村から申請により交付されるが、その申請時に世帯の預貯金の残高コピーが必要になった。家賃負担が払えないために、特養待機者は「多床室があくのを待つ」高齢者がいるのが

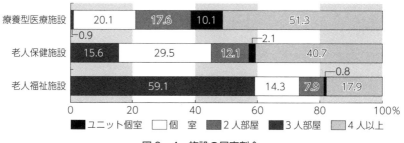

図3−4　施設の居室割合

出典：厚生労働省「介護サービス施設事業所調査の概要」2016 年。

現実である（**図3−4参照**）。

3　第2課題＝家族の介護負担は軽減されたか

1)　介護保険6年目で「高齢者虐待防止法」施行

　介護保険スタート時点の介護者は配偶者26%、子の配偶者23%、子20%、別居の家族など7%でサービス事業者の介護は7%であった。介護者の年齢をみると50歳以上が83.1%、60歳以上が53.7%であった[3]。介護保険創設の前に在宅介護支援センターが介護者の虐待の問題を取り上げていた。その後、介護保険スタートから6年後、2006年、国が「高齢者虐待防止及び養護者支援の法律」を法制化した。重度の虐待は通報し、通報を受けた市町村は実態を把握し対応し、その結果を厚生労働省が毎年発表することになった。対象は家族（養護者）とすべての専門職による虐待の2種である。

　高齢者虐待とは養護者による①暴行・外傷などの身体的虐待、②減食や放置などの介護放棄、③暴言や拒絶など心理的虐待、④わいせつな行為などの性的虐待、⑤養護者や親族のよる財産の不当処分や不当に財産上の利益を得る経済的虐待、また、要介護施設等介護従事者による①〜④の行為をいう。

　居宅の虐待は介護サービスが導入されても減少していない（**図3−5**

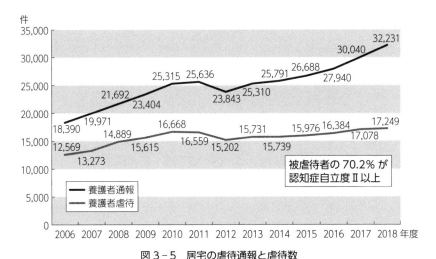

図 3-5　居宅の虐待通報と虐待数

出典：厚生労働省「高齢者虐待の防止、高齢者の擁護者に対する支援等に関する法律に基づく対応状況等に関する調査結果」2018年度版。

参照）。虐待死は 2018 年まで 12 年間で 327 人である[4]。

　養護者による虐待の原因は、介護疲れストレスがトップである。また被虐待者の 7 割が認知症の自立度 II 以上である。

2)　家族の介護負担は改善されたか

　介護の社会化として介護保険がスタートしたが介護負担は軽減されているとは言い難い。要介護者が増えたとはいえ、家族の介護看護により離職した人は倍増している（図 3-6）。離職をすると介護に専念できる時間は確保できるが「経済的困窮」「介護者自身の老後の不安」「介護に追い詰められる」等の新たな課題が出てきた。

　家族の介護負担度をみると「精神的負担」が 63.7% でトップ、次いで身体的負担 48.8%、経済的負担 44.5% であり、精神的な負担が介護者を追い詰めているのである[4]。

　介護保険利用者の世帯構成は介護保険導入時から大きく変化し、導入時に 1 番の「三世代同居」は 32.5% から 14.9% に半減し、独居が

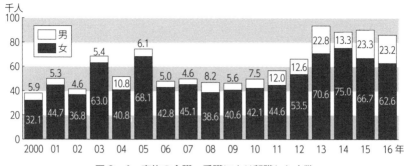

図3-6　家族の介護・看護により離職した人数

出典：内閣府「高齢社会白書　平成30年度」より筆者作成。

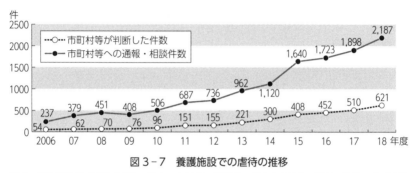

図3-7　養護施設での虐待の推移

出典：厚生労働省「高齢者虐待の防止、高齢者の擁護者に対する支援等に関する法律に基づく対応状況等に関する調査結果」2018年度版より筆者作成。

15.7％から28.9％へ増加し、現在はトップである。老夫婦世帯は18.3％から21.9％と増加している。核家族による介護は11％から16％に増えており独居、老夫婦につぎ3番目である[5]。このなかには「独身の子と親」など近年80-50問題といわれる課題もある。

3）　施設での虐待と身体拘束

　人材不足を背景として専門職による虐待も増加している。図3-7のように介護保険の改正で重度中心型になった2014年以降急増している。専門職による虐待では特養ホームが全体の31％、有料老人ホーム21％、

表3-2 抑制とはどのようなことか

1. 徘徊防止：車いすやいす、ベッドに体幹や四肢をひも等で縛る。
2. 転落予防：ベッドに体や四肢をひも等で縛る。
3. 転落防止：自分で降りられないように、ベッドを柵（サイドレール）で囲む。
4. 点滴・経管栄養等のチューブ抜挙予防：四肢をひも等で縛る。
5. 点滴・経管栄養等のチューブ抜挙・皮膚をかきむしらないように、ミトン型の手袋をつける。
6. 車いすやいすからずり落ち防止：Y字型拘束帯や腰ベルト、車いすテーブル。
7. 立ち上がる能力のある人の立ち上がりを妨げるようないすを使用する。
8. 脱衣やおむつはずしを防止：介護衣（つなぎ服）を着せる。
9. 他人への迷惑行為の防止：ベッドなどに体幹や四肢をひも等で縛る。
10. 行動を落ち着かせる：向精神薬を過剰に服用させる。
11. 自分の意思で開けることのできない居室等に隔離する。

出典：筆者作成。

認知症のグループホーム16%、老人保健施設9%。その他23%である。内容では身体的虐待がトップで心理的虐待、介護放棄、経済的虐待、性的虐待の順である。加えて被虐待者の31.9%が身体拘束（表3-2）を受けていた[6]。

4 第3課題＝ケアマネジメントは機能しているか

1) 公平中立性が保証できない環境下のケアマネジメント

ケアマネジャーは保険・医療・福祉の5年の実務経験がある者が試験を受け合格し、研修を修了後登録しケアマネジャーになる。ケアマネジャー受講試験の合格者は52万3000人いるが、ケアマネジメント業務に従事しているのは26%である。

居宅介護支援のケアマネジメント業務の流れは以下である。介護保険を利用する者と契約し、アセスメント、ケアプラン作成、サービス担当者会議を経て必要なサービス調整を行い、毎月自宅を訪問し、ケアプランの目標の達成状況、新たな課題の有無、利用者のサービスに対する満足度などモニタリングを行い、介護保険の請求内容を利用者

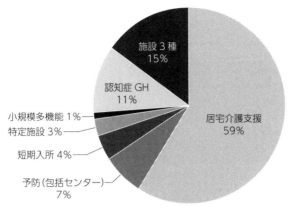

図3-8　ケアマネジャーの勤務場所

出典：厚生労働省「介護サービス施設事業所調査」2009年、介護事
　　　業実態調査より。

ごとにすべてチェックして国保に毎月送付する。ケアマネジャーの国保請求とサービス事業所からの国保請求が合致すると、サービス事業所に保険給付が支払われる仕組みである。医療保険では支払基金が行う請求チェックをケマネジャーが行うことも「介護保険の要」といわれる所以である。ケアマネジメントは利用者のニーズを把握し、生活目標に即したケアプランを作成、遂行するため、医療・介護・看護・リハビリ・薬剤・福祉用具、地域資源との連携や調整を行う。

　図3-8のように、ケアマネジャーの約6割は居宅介護支援事業所、特養ホーム、老人保健施設・療養型医療施設は100人に一人の配置義務があり、そこで3施設に15％、9人のユニットに配置義務がある認知症のグループホームに11％、地域包括支援センターに7％等である。このなかでケアマネジャーに保険給付があるのは居宅介護支援事業所と地域包括支援センターのみである。その他は、配置義務はあるが保険支払いはない。その結果兼務が多くならざるを得ないのである。ケアマネジャーが看護や介護業務を兼務していると利用者は苦情が言い

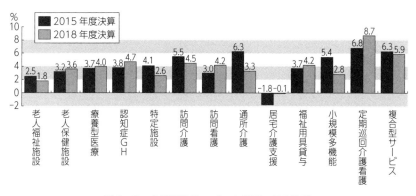

図3-9　介護保険サービス事業所の収支比較

出典：厚生労働省「介護事業経営概況調査」2020年。

にくく、モニタリングが機能しにくい傾向がある。

　2004年の公平中立のケアマネジメント調査では「ケアマネジャーを辞めたい」に対して67% が「よくあてはまる」「少し当てはまる」と回答している[7]。

　2004年10月時点で、居宅介護支援事業所は収入より支出が15.9% 多かった[8]。この赤字が16年間続いてきたのである（**図3-9**）。これだけ赤字続きでまともな事業経営ができるとは考えにくい。2020年の厚生労働省の調査では居宅介護支援事業所で併設サービスありが89.6% で併設サービスは訪問介護がトップ36.2%、次が通所介護32.2% であった[9]。

　赤字の原因は、作成するケアプラン数とその単価である。第一回介護保険法改正で要介護1が要支援2に移行し、要支援者は「介護予防サービス」に移行し、この年創設されたのは「地域包括支援センター」が「介護予防プランを作成する」ことになり、ケアマネジメント業務対象者が認定更新のたびに減ったのである（**図3-10**、3年間で25% ケアプラン数が減少）。

　さらに、居宅介護支援事業所は地域包括支援センターの予防プラン作成の委託を受けることはできるが、単価は1件約4000円と半減した。

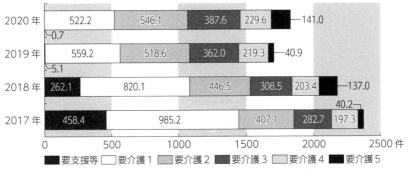

図 3 – 10　居宅介護支援事業所のケアプラン数
出典：厚生労働省「介護給付費実態調査」2020 年。

2006 年の 2 回目の報酬改定では、国が質向上のかけ声で居宅介護支援事業所に特定事業所加算が新設された。この加算は、予防プランを受託している居宅介護支援事業所は除外された。ここにも軽度者を外そうとする国の意向が出ている。加えて、ケアプランを 39 件以上担当すると 1 件の単価を減額することでケアプラン作成数の制限し、介護 3～5 のケアプランの単価を上げ、介護 1・2 のプランと分離した。重度中心型の影響がここにもでているのである。2017 年段階の居宅介護支援事業所 4 万 169 の経営母体は、営利法人が 52.1%、社会福祉法人が 19.3%、医療法人が 14.8%、社会福祉協議会 4.4%、NPO 法人 3%、社団・財団 2.2%、その他法人 4.0% である[10]。

2)　ケアマネジャーの受験者が 63% 激減

　ケアマネジャーになるための試験の受験者が 2018 年は前年の 13 万人から 5 万人へと激減し、それが続いている。この年からヘルパー資格で受験できなくなったが、ヘルパーと相談業務受持者（これは国家資格の社会福祉士や精神保健福祉士と同じ受験資格）合わせて受験者の 14% であり、激減の原因とはいえない。ケアマネジャーがなりたい仕事や資格でなくなったと考えられる。その原因は経営面だけはなく、

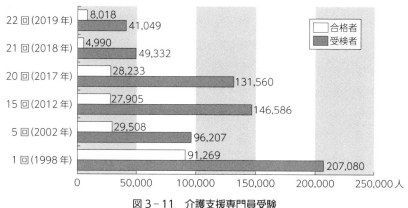

図3-11　介護支援専門員受験

出典：試験センター各年。

認知症の意思決定支援、ACP（Advance Care Planning、ターミナル期の意志決定支援）から服薬状況や口腔の状況に関して医師に情報提供の義務化など求められる業務量が増えた。さらに、ケアプランに介護度別に訪問介護の生活援助回数が設定され、それを超えたプランは事前に市町村に届け出が求められ、地域ケア会議で必要性を説明することや訪問介護、通所介護、福祉用具のケアプランに組み込んだ事業所の比率によりケアマネジメント報酬が減額される。要介護1認定者に車いすやベッドなどをレンタルするためには、軽度者の福祉用具申請書を市町村に事前に出すことなど、ケアマネジャーを通して軽度認定者へのサービス規制をする制度の導入が追い打ちをかけた。

　2018年から居宅介護支援事業所の指定権限が都道府県から市町村に移行した。指導監査、指定取り消し等市町村業務に変わったのである。市町村には「ケアプランチェックの状況」介護度改善や自立支援の成果に合わせて現金が出る「保険者機能強化交付金」制度がスタートした。消費税のアップでは介護福祉士の比率で給与アップが行われるなど、ケアマネジャー資格取得の魅力が半減した。加えてケアマネジャーの資格更新制や居宅介護支援事業所の管理者は、主任介護支援専門

員でなければならないと制度改正が行われた（図3-11参照）。居宅介護支援事業所の管理者の43.7％に主任介護支援専門員がいないとして6年間施行延期になった。

5 第4課題＝介護サービス提供事業所の経営と 介護職の充足の検証

1） 在宅3本柱への給付抑制

　介護保険利用者の約7割は居宅でサービスを利用している（図3-12参照）。利用しているサービス種別では福祉用具がトップ、次いで通所介護、訪問介護である。この在宅3大サービスへの給付抑制策が続いている。福祉用具は公定価格ではなく自由価格である。車いすでも片麻痺用、リクライニング、自操用、タイヤがパンクしないタイプ、女性が折りたたんで車に積める軽量タイプや利用者に合わせて高さ、座面、足置きなどが変えられるモジュールタイプ等多種多様で公定価格化が困難である。2018年福祉用具専門員の配置に加え、①機能や価格の異なる複数商品の提示、②全国価格を説明する、③福祉用具サービス計画をケアマネジャーに送ることが義務化された。さらに国が全国平均価格を個別に算出し、それより標準偏差で16％高いものは介護保険から外した。福祉用具は介護保険制度で開発が進み、用具の適合性を評価し、定期点検を行い、利用者の自立支援や介護負担軽減の役割を果たしてきた。この開発努力が価格下げ競争で抑制される危険がでてきたのである。

　通所介護は介護報酬改定のたびに1日の利用定員で「大規模通所介護の減算」「中規模通所介護の減算」が行われた。民家改造型の小規模通所介護が増えると「小規模通所介護は地域密着型サービスへ移行」が行われ、利用者が地域限定になり、単価が大きく減額され、規模別1時間単位に変わるなど報酬改定のたびに変更された。さらに「小規

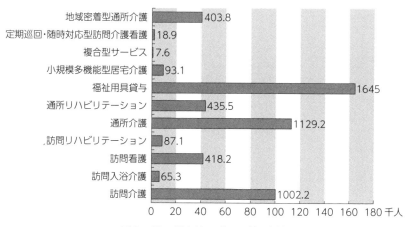

図 3-12　居宅サービスの利用人数

出典：厚生労働省「介護給付費実態調査」2017 年 9 月。

模デイサービスは小規模多機能型居宅介護のサテライトになる」など国が進めるパッケージ型サービスへの誘導が行われた。通所介護（デイサービス）は在宅の利用者に送迎付きの外出機会で人と触れ合う場で、まともな食事が食べられたり、体操したり、物や花などを作ったり、季節の行事等がある場であり、介護者にとっては安心して休める時間がある等、在宅で不可欠のサービスである。コロナ過でデイサービスは利用者が減り、閉鎖が増えてきた。

　訪問介護は事業所数は伸びているが、雇用されている介護職は、2003 年時点で訪問介護事業所のヘルパーの 40% が登録ヘルパーであり、雇用が不安定で賃金も低く抑えられていた。2004 年 10 月のサービス種別の事業収支（補助金を含まない収益ベースで算出）では訪問介護は収入に対して支出が 13% 多く赤字であった[11]。2015 年時点では訪問介護事業所 47.6% が赤字である[12]。

2)　上限設定サービスの新設から補助金誘導

　2005 年、第 1 回介護保険法改正で訪問介護、通所介護、ショートス

テイを１つの事業所がまとめて提供し、価格は何回利用しても上限設定された「小規模多機能型居宅介護」が市町村の住民だけが利用できる「地域密着型サービス」として制度化された。2011 年にはこれに看護も含めた「看護小規模多機能型居宅介護」と看護と介護を何回利用しても上限が決まった「定期巡回随時対応型訪問介護看護」が加わった。

　さらにこの年、高齢者住まい法の改正で「サービス付き高齢者住宅」が制度化され、これらの上限設定サービスを併設することが推奨された。丸抱えして、デイサービス、ヘルパーが上がり、次々訪問、夜はまとめてショートステイをすると効率的にスタッフが動けるのである。しかし、利用者は他のデイサービスに行くことも訪問介護を選択することもできない。国は「医療介護確保資金」で補助金を出し誘導した。選択肢の１つであるが、複数サービスを１つの事業所が提供するにはサービス事業所にとっては規模と人員、資金がある大規模事業所でないと困難である。

3)　人材はいても介護の仕事につかない人材不足

　介護職の不足は年々進んでいる（図 3 - 13 参照）。人材がいないのではなく介護の仕事につかないのである。ヘルパー２級の 267 万 3000 人の 86.5% は介護の仕事についていない。介護福祉士は 160 万人いるが、介護現場は 80 万人である。調査では介護職員（施設等）39.0%、訪問介護員 69.7% が非正規雇用であり、他の産業に比べ獲得競争が激しい、他の産業に比べ労働条件が悪い、景気が良いと介護業界には来ない等である[13]。

　そこで外国人介護職の受け入れが行われている。外国人の介護職受け入れには３種ある。第１は EPA（経済連携協定）はインドネシア、ベトナムなど。フィリピンからは 2008 年から働きながら介護福祉士をめざすもので条件は日本人介護職と同等である。第２の残留資格の介

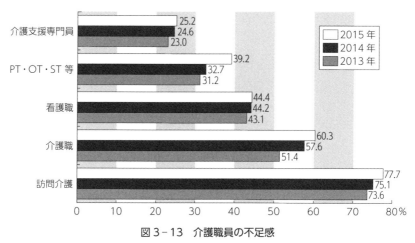

図3-13　介護職員の不足感

出典：介護労働安定センター「介護労働実態調査」各年度版。

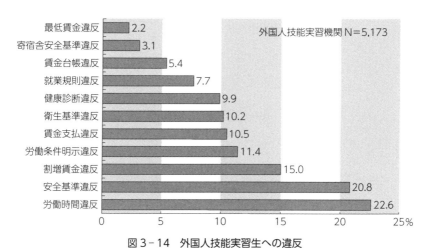

図3-14　外国人技能実習生への違反

出典：厚生労働省「技能実習指導状況」2015年。

護職は2017年から介護福祉士の資格を持ち、介護現場で働くもので残
留資格の上限はない。第3は外国人技能実習生制度で、2017年から企
業からの実習計画申請で最長5年働きながら介護福祉士を目指すもの
である。しかし、受け入れ機関がマージンを取り、安価に働かせる等

の問題が出ている（図3-14参照）。国は受け入れ機関への指導を行い、また、2019年から新たに特定技能1級と2級を設けた。介護技術と日本語試験を受け、技能実習3年以上で試験免除し、最長5年働く制度である。

4)　施設は重度中心で厳しい運営

　2000年の介護保険給付額は3兆9536億円で内訳は、3施設で67.3％、8種の居宅介護サービス施設で32.7％であった。特別養護老人ホームは措置の時代は国が毎年措置費を見直し経営が安定していた。介護保険スタートからは、介護保険報酬で経営するようになり、さらに入居者が要介護3以上になることで排泄、入浴、食事等の介護量が増加し、厳しい経営が求められるように変化した。

6　第5課題＝保険者である市町村の役割と　　　介護保険の財源

1)　市町村への権限移行のスタート―「地域密着型サービス」の誕生

　2005年の第1回介護保険法の改正により、全国一律のサービスから、認知症グループホーム、認知用専用デイサービスか地域密着型サービスに移行した。新たに地域密着型サービスに「小規模特定施設」と「小規模特別養護老人ホーム」が誕生し、訪問介護、デイサービス、ショートステイの3つを1つの事業所が提供する「小規模多機能型サービス」が誕生した。これは介護保険を都道府県から市町村へ権限（責任）を移行する始まりである。2011年には、前述の看護職規模多機能型居宅介護と定期巡回随時対応型訪問介護看護が地域密着型として誕生した。

2) 介護財源の拡大利用

　2005 年改正のもう一つの特徴は「介護サービス」のための介護保険財源を介護が必要になる前の 65 歳以上の「介護予防」に使う制度にしたことである。要支援 1 と要支援 2 に加え、65 歳以上人口の 5% を探し出し、筋肉トレーニング、低栄養予防、口腔ケアから閉じこもり予防等に介護保険財源を使用した。

3) 介護保険は医療保険から介護保険への財源移行から始まった

　「保険・医療・福祉サービス」が介護保険で得られると国民は期待した。内実はそれまで医療保険で支払われていたサービスを介護保険サービスに移行させ、財源を介護保険に移したのである（表 3 - 3 参照）。介護保険開始 1 年目の介護給付の 46.5% は医療保険から財源が移行したものである。同様に、老人福祉法で 24 時間相談窓口として設置されてきた在宅介護支援センターは助成金をなくし、介護保険の地域包括支援センターに移行する措置が取られた。地域包括支援センターの機能強化として、生活支援コーディネーター配置、地域ケア会議、在宅医療・介護連携、認知症初期集中支援チーム、認知症地域支援推進員が業務追加になった。

　医療から介護への移行は 2014 年 19 本の医療及び介護の法律改正で行われた。

　医療は図 3 - 15 のように病床の機能別分化を行い、「施設から地域へ」「医療から介護へ」移行する方向で、認知症施策も入院、入所から地域

表 3 - 3　医療保険から介護保険への財源移行

（単位：百万円）

2001 年 5 月審査分：介護保険開始 1 年後			
介護保険		医療保険	
訪問介護	26,734	居宅療養	1,323
訪問入浴	3,155	訪問看護	7,810
通所介護	26,667	訪問リハ	295
福祉用具	4,016	通所リハ	19,929
短期入所	7,301	短期老健	2,116
認知 GH	2,023	短期療養	262
特定施設	1,792	老健施設	74,372
居宅支援	9,685	療養施設	45,318
特養ホーム	92,751		
1741 億 2400 万円		1514 億 2500 万円	

出典：厚生労働省「介護給付費実態調査」2001 年。

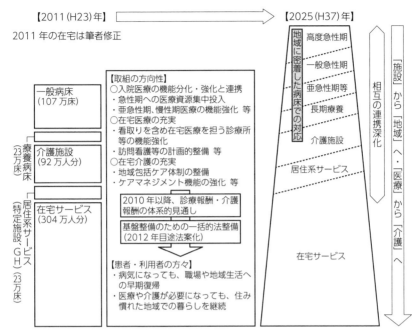

【2011 (H23)年】 → 【2025 (H37)年】

2011 年の在宅は筆者修正

【取組の方向性】
○入院医療の機能分化・強化と連携
・急性期への医療資源集中投入
・亜急性期、慢性期医療の機能強化 等
○在宅医療の充実
・看取りを含め在宅医療を担う診療所
 等の機能強化
・訪問看護等の計画的整備 等
○在宅介護の充実
・地域包括ケア体制の整備
・ケアマネジメント機能の強化 等

2010 年以降、診療報酬・介護
報酬の体系的見通し

基盤整備のための一括的法整備
(2012 年目途法案化)

【患者・利用者の方々】
・病気になっても、職場や地域生活へ
 の早期復帰
・医療や介護が必要になっても、住み
 慣れた地域での暮らしを継続

一般病床
(107 万床)

療養病床
(23 万床)

介護施設
(92 万人分)

居住系サービス
(特定施設・GH)(23 万床)

在宅サービス
(304 万人分)

高度急性期
一般急性期
亜急性期等
長期療養
地域に密着した病床での対応
介護施設
居住系サービス
在宅サービス

相互の連携深化

「施設」から「地域」へ・「医療」から「介護」へ

図 3 - 15 病床の機能分化

出典：厚生労働省の資料により筆者作成。

で認知症をケアする方向への転換が行われた。また、入院から退院を
促し、地域でかかりつけ医と連携し、地域では地域包括ケアで、医療・
介護連携する。そのコーディネートをケマネジャーや地域包括支援セ
ンターが行うというシステム化がなされた。

4)　保険者機能交付金で市町村を競争させるシステム導入

　保険者機能強化交付金は、市町村の成果に合わせて現金を市町村に
出す「税制インセンティブ」の規定の整備で、要介護認定率などの項
目等、全国 3700 市町村を順番に並べ、成果の出た市町村に現金を出す。
市町村競争システムの導入である。老人福祉法の改正で有料老人ホー
ムの指定取り消しも制度化された。特定施設の取り消しも連動する。

表 3 - 4　2000〜2017 年の介護保険事業収支

（単位：百万円）

年度	歳　　入	歳　　出	財政安定化 基金拠出金	地域支援 事　　業	基　　金 積 立 金	介護給付費準 備基金保有額
2000	3,800,035	3,589,877	22,142	—	113,983	112,252
2001	4,656,612	4,552,963	23,075	—	86,787	188,765
2002	5,047,969	4,983,532	22,607	—	43,392	194,396
2003	5,486,275	5,407,034	4,986	—	53,751	225,934
2004	5,930,853	5,828,866	5,130	—	32,802	202,093
2005	6,231,257	6,105,336	4,980	—	25,007	166,257
2006	6,568,831	6,340,094	4,369	101,889	55,252	214,015
2007	6,918,883	6,743,617	4,138	119,218	107,960	317,781
2008	7,235,052	7,046,869	4,049	152,603	159,703	404,965
2009	7,538,262	7,417,417	4	161,825	83,071	442,630
2010	7,832,641	7,731,758	—	166,889	39,098	396,163
2011	8,209,330	8,111,041	—	165,330	32,538	284,815
2012	8,787,477	8,654,528	—	171,049	78,040	312,270
2013	9,164,964	9,017,242	—	176,353	57,955	315,359
2014	9,614,200	9,444,600	—	184,900	59,400	302,400
2015	9,933,700	9,724,400	—	203,400	105,200	388,000
2016	10,237,100	9,947,200	—	274,200	105,000	475,900
2017	10,688,900	10,402,400	—	440,100	137,600	578,600

出典：厚生労働省「介護保険事業状況報告」。

5)　介護保険財源は 18 年間黒字

　介護保険はスタートから 18 年間黒字続きで（表 3 - 4 参照）、2006
年からは「地域支援事業」として介護給付以外にも介護保険の財源を
使い、それが 4 倍に増加しているのである。

7　介護保険の今後の課題

　国は 2020（令和 2）年 6 月「地域共生社会の実現のための社会福祉
法の一部改正」を行い、施行は 2021（令和 3）年 4 月である。すでに、
2017 年 2 月 7 日厚生労働省「我が事・丸ごと」地域共生社会実現本部
に基づき、2017 年 12 月「共生社会の実現に向けた地域福祉の推進」

通知で社会福祉法の改正に伴う地域福祉計画の見直し、2018年共生型サービスが介護保険法改正で導入された。このように「共生型」は制度横断的に児童、障害、高齢、生活困窮に向き合うことを基本としている。その先には「全世代型社会保障」の構築がある。

　地域共生や多職種共生は福祉の原点として大切であるが、この基本が福祉の財源論として展開されることに問題がある。児童福祉、児童養護、障害者、生活困窮者は福祉施策として税で対応されてきた。この税による福祉を「一億総活躍」のかけ声で勤労者皆保険制度に対応することが妥当か、今後の課題である。

注

1　厚生労働省「介護保険事業状況報告」2005年4月、2010年4月。

2　要支援認定者のサービス別利用率、介護給付費実態調査、2013年4月審査分。

3　「国民生活基礎調査」2001年。

4　厚生労働省「高齢者虐待の防止、高齢者の擁護者に対する支援等に関する法律に基づく対応状況等に関する調査結果」2018年度版。

5　厚生労働省「家族介護者支援マニュアル」2018年3月。

6　「国民生活基礎調査」2001〜2016年。

7　厚生労働省「高齢者虐待の防止、高齢者の擁護者に対する支援等に関する法律に基づく対応状況等に関する調査結果」2015年度版。

8　「東京都の2016年度調査　公平中立性のケアマネ調査」三菱総研。

9　厚生労働省老健局「介護保険事業所経営実態調査」2016年10月実施より。

10　厚生労働省「介護給付費実態調査」2017年10月審査分。

11　厚生労働省「居宅介護支援事業所の調査結果」2004年4月10日。

12　政策金融公庫、2015年10月調査。

13　「介護職の不足」介護労働安定センター調査。

参考文献

服部万里子『最新　図解でわかる介護保険のしくみ』日本実業出版社、1999年。

服部万里子『介護で使える！「医行為でない行為」がすぐできるイラスト学習帳』エクスナレッジ、2012年。

服部万里子・黒田尚子監修『入院・介護「はじめて」ガイド』主婦の友社、2018年。

服部万里子『神経難病の緩和ケア』（共著）南山堂、2019年。

第4章

介護人材政策の総括と課題

井口克郎

はじめに

　2000年に介護保険制度は「介護の社会化」をそのメリットの一つとして謳い発足した。にもかかわらず、20年を経た今日、介護現場では労働者・専門職不足が深刻を極め、また社会保障費抑制政策の下で介護保険サービスの利用制限圧力は強まる一方となっている。国は「地域包括ケアシステム」構想の下で住民に「自助」「互助」による介護を求めるなど、介護保険制度はまさに「看板に偽りあり」と言わざるを得ない代物となってしまった。

　なぜ日本の介護現場がこのような状況になってしまったのかを読み解くには、介護保険発足以来の政策や出来事を、順を追ってみていく必要がある。小論では、介護をになう人材（労働者、家族等）をめぐる政策動向に着目しながら介護保険20年の歴史を振り返り、社会保障費抑制政策と同制度による市場化・営利化路線の下で、今日の介護労働者の深刻な人材不足が作出・助長されてきた経緯について総括する。

　また、直近ではこれまでの社会保障抑制政策によって作出・助長された人材不足をテコに、さらに社会保障財政を利潤追求の対象とすることを目指す経済界の動向（「全世代型社会保障検討会議」等における

表 4 - 1　介護保険制度下

年		2001	2002	**2003**	2004	2005	**2006**
収支差率	介護老人福祉施設（特養）	—	—	—	10.2	13.6	—
	訪問介護	—	—	—	1.5	− 0.1	—
	通所介護	—	—	—	8.8	7.4	—
賃金水準	施設介護職員（一般労働者）平均年収（万円）	345	349	340	329	305	306
	ホームヘルパー（短時間労働者）平均時給（円）	—	1,267	1,228	1,221	1,373	1,317
平均年齢	施設介護職員（一般労働者）	34.6	34.8	34.8	35.0	35.6	36.0
	ホームヘルパー（短時間労働者）	—	48.5	48.8	49.1	51.3	50.4
有効求人倍率	社会福祉専門の職業	0.52	0.56	0.7	0.82	1.02	1.25
	介護サービスの職業	—	—	—	—	—	—

注：太字の 2003、06、09、12、15、18 年は主な介護報酬ないし制度改定の年。
　　「収支差率」は補助金等を含む。可能な限り年間決算ベースの数値を記載。「賃金水準」は残
　　「有効求人倍率」については、職業分類の改変により、2013 年からは従来の「社会福祉専門の
　　という項目が新設された。値はパートタイムを含む常用。
出典：［井口、2020］p.18〜19。「収支差率」は厚労省「介護事業経営実態調査」「介護事業経営概
　　定業務統計」より算出、作成。

先端技術の導入による効率化議論）がみられる。そのなかで、介護労働が強引に解体されることの問題点や、人権としてのケア保障に向けた対抗の方向性について論じる。

1　小泉「構造改革」と介護人材不足の作出・助長
—— 2000〜2009 年頃

1)　介護労働者の労働条件の大幅引き下げ

　介護保険 20 年の人材に関する動向を振り返るにあたり、はじめに介護保険制度発足後のほぼ 20 年間の介護事業所収支差率、労働者の賃金水準、平均年齢、有効求人倍率などの諸指標の推移を大まかにまとめた表 4-1 を示しておく。以下、適宜この表に立ち返り論じる。

　介護保険制度は 2000 年に発足したが、2000 年代前半は自公小泉政

2007	2008	**2009**	2010	2011	**2012**	2013	2014	**2015**	2016	2017	**2018**
4.4	3.4	—	12.0	9.3	7.5	—	3.0	2.5	1.6	1.7	1.8
3.3	0.7	—	3.2	5.1	3.6	—	7.4	5.5	4.8	6.0	4.5
5.7	7.3	—	13.0	11.6	8.6	—	7.7	6.3	4.9	5.5	3.3
300	309	304	304	307	310	307	309	316	322	330	340
1,301	1,300	1,289	1,327	1,370	1,366	1,399	1,381	1,431	1,431	1,510	1,520
36.0	35.8	37.6	37.7	37.6	38.3	38.7	39.5	39.7	40.5	40.8	41.9
52.0	52.3	51.9	53.6	53.0	53.8	54.4	54.1	55.2	56.5	57.1	57.7
1.47	1.66	1.17	1.11	1.41	1.5	1.38	1.64	1.96	2.24	2.62	2.91
—	—	—	—	—	—	1.83	2.22	2.59	3.05	3.57	4.01

業代、賞与等の諸手当を含む額。
職業」から、介護職員等の介護サービスを担う労働者が一部分離され、「介護サービスの職業」

況調査」、「賃金水準」「平均年齢」は同「賃金構造基本統計調査」、「有効求人倍率」は同「職業安

権（2001年9月〜06年9月）の新自由主義「構造改革」による社会保障費抑制政策が強力に展開された時代であった。その下で、03年、06年の介護報酬マイナス改定は介護労働者の労働条件を大きく引き下げた。

　例として、表4−1から介護労働者の労働条件の重要な要素（労働力再生産を可能にする客観的条件の一つ）である賃金水準がこの間どう変化したかをみてみよう。制度発足当初2002年頃までは、90年代後半の措置制度時代の賃金水準を引き継ぎ、「施設介護職員（一般労働者）」（この中には正規雇用労働者を多く含む）の平均年収は、349万円ほどあった。これは当時、高齢化による介護需要の増大や職業としての介護の発展が期待される中で、若者たちが安定した職業として介護を選択する希望が持てる給与水準であった。しかし、小泉「構造改革」が強力に推し進めた03年、06年の介護報酬大幅マイナス改定に

より、「施設介護職員（一般労働者）」の平均給与水準は300万円付近まで一気に引き下げられた。

　また、介護保険制度は、介護の営利化を推進し、加えて人員配置基準における「常勤換算方式」の本格的導入等も行った。これらにより、介護分野は非正規雇用の多用が全産業に先行し常態化していった。介護労働安定センター「事業所における介護労働実態調査（2007年）」によれば、この時期すでに、系型別に見ると、訪問系で72.0％、施設系（入所型）で35.4％、施設系（通所型）で57.9％、全体では50.9％が「非正社員」の労働者であった[1]。介護分野に限らず、「構造改革」によって2000年代以降、雇用の場面では日本全体で非正規雇用化や「ワーキングプア」化が進行し社会問題化していったが、総務省が5年ごとに行っている「就業構造基本調査」で算出すると、全産業労働者の非正規雇用率が4割を超えるのは2012年調査からである[2]。

　上記背景から、2000年代中葉以降、介護労働者の離職等による「人材不足」が広がり「社会福祉専門の職業」の有効求人倍率は05年に1倍を超えた。介護人材不足の社会問題化は当時メディアでも大きく取り上げられるに至った。

2)　2000年代後半の介護職就労を目指す若者の声

　こうして介護人材不足が声高に叫ばれるに至る状況下にあった2007年当時、筆者が北陸・中部地方の介護福祉士養成施設の学生を対象に行った、介護職への就職意向に関するアンケート調査がある（対象533名、有効回答者340名、有効回答率63.8％）［井口、2008］。そこから若干、介護職としての就職に揺れる当時の若者たちの様子を紹介しよう。

　当時、筆者が調査を行った介護福祉士養成施設に在籍していた学生のうち大半が20代前半以下の若年層であったが、そのうち、将来介護職として就労することを希望する者に、その理由を尋ねた結果を加重

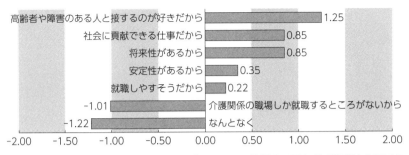

図4-1　介護職希望者、介護職として就職することを希望する理由（加重平均）2007 年
　　　（n＝273）

出典：［井口、2008］p.74.

平均値で表したのが**図4-1**である。

　高いものから順に、「高齢者や障害のある人と接するのが好きだか
ら」が1.25、次いで「社会に貢献できる仕事だから」「将来性がある
から」0.85、「安定性があるから」0.35、「就職しやすそうだから」0.22
の順となっている。他方、「介護関係の職場しか就職するところがない
から」「なんとなく」といった消極的な理由はマイナスの値となってい
る。当時、現在介護福祉士養成施設に在籍する学生は、高齢者や障害
のある人との人間的なふれあいや社会貢献という積極的な要因から介
護職としての就職を希望する者が多かった。

　他方、同調査では介護福祉士養成施設に在籍しながらも、介護職と
しての就労を希望しない学生も当時1割超存在した。その理由を尋
ねた結果が**図4-2**である。「肉体的・精神的に大変そうだから」1.17、
「他の職業や職種より賃金水準が低いから」0.95、「勤務体制が不規則、
休日が少ないから」0.89の3つが特に高い数値を示しており、肉体的・
精神的不安や賃金の低さ、勤務体制の過酷さが、学生が介護職を忌避
する主な要因となっていた。これらは当時すでに表出していた介護労
働条件の悪化を反映している。

　一方で、「現在の介護職の仕事内容にやりがいや魅力を感じないか
ら」は−0.37とマイナスの値となっており、介護職の仕事の内容自体

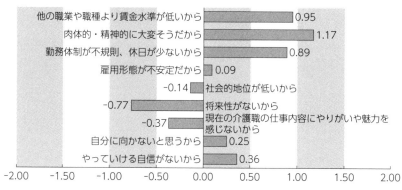

図4-2　介護職非希望者、介護職として就職を希望しない理由（加重平均）2007年
（n＝43）

出典：［井口、2008］p.76。

が学生にとって魅力がないわけではないことが窺われる。

　なお、この調査を行った2007年は、訪問介護分野最大手の営利企業、コムスンによる介護報酬不正請求とその後の同社の処分逃れ、いわゆる「コムスン事件」が介護業界を激震させた年でもある。「構造改革」が作出した「介護＝低賃金」イメージに加え、介護保険の市場化・営利化路線が引き起こした同事件による介護業界のマイナスイメージの醸成は、以後、若者の介護・福祉分野への就職意向に対し、大きな悪影響を与えていくこととなった。

3）　介護保険制度下における介護労働の専門性と
やりがいの解体―労働疎外―

　介護保険制度はこの時期、介護報酬のマイナス改定により介護労働条件を大幅に引き下げたが、別の形でも労働者の持続可能な就労を阻害した。それは専門的な介護労働の変質や、やりがいの剥奪である。
　筆者は、2000年代の後半、介護保険事業所において介護労働者の労働過程の実態調査を行っていた[3]。そこから当時生じていた介護労働の変質のメカニズムについて紹介しておきたい。

「専門的」な介護労働のあり方については、介護福祉学や人間科学としての経済学領域などで議論が行われてきたが、その要点を整理すると柱はおおよそ以下の2点である。第1に、介護労働は、生命の再生産や生活援助すなわち高齢や障害などにより困難が生じるようになった生活の維持、日常生活動作（ADL）および生活の質（QOL）の向上を目的とする。具体的には、食事、排泄、入浴などの援助が大きな柱になるが、その際には細分化・細切れ化され定型化されたサービスを行えばよいというのではなく、介護労働者が要介護者の生活問題と主体的に向き合うことが求められる。

　第2は、上記を通じて、要介護者の人権保障や人間発達、または自律的生活の保障をになうことである。介護労働は単に身体の介助という形で要介護者の身体に働きかけるだけでなく、さまざまなコミュニケーションを通じて人格に働きかけて人間発達、すなわちその人の潜在的能力を顕在化・開花させることを目的とするものである。要介護者との人格的なコミュニケーション関係を通じて介護労働者は要介護者の発達や自律を目指す必要がある。要介護者に寄り添い、ニーズを把握し、それをどう実現するか方向性を見出すことが必要であり、その際には、介護労働者と要介護者との間に相互の人間的共感・信頼関係が構築されることが不可欠である。

　こういった介護ができることが、先でも論じたように若者が介護職に魅力を感じ、それを目指す大きな動機であったのであり、また要介護者の人権を保障する発達保障労働としての介護労働の目指すところである。

　しかし、このような介護労働を実現することは、介護保険制度下では困難となっていった。その原因は、介護労働やサービスの質のあり方の基礎的土台となる、介護保険制度の構造にある。介護保険制度は、先述のように低位な介護報酬に加え、制度が求める入居者対看護・介護職員の人員配置基準もそもそもが低位であり（特養などでは一般に

3対1)、有資格者の必置規制もゆるく過酷な水準となっている。また、介護保険制度によって本格化された「常勤換算方式」は、介護労働者を非正規雇用で使用することを推進した。さらに、先述の2000年代中葉以降の労働条件悪化や人材不足の作出により、いっそう介護労働者への負担が増加する悪循環となっていった。

　このような構造の下で進んだのは、まず、一人の労働者内における介護労働過程の細分化・細切れ化である。多くの施設（特に入居者人数の多い特養や老健などの形態で顕著）では、限られた人数で入居者のケアを行うべく業務の効率化を図るため、基本的に日々決められたスケジュール通りの介護を行うことが多い。言葉は悪いが、工場のような多職種分業による「流れ作業」的介護をせざるを得ないことも多く、その中で労働者の自律性が奪われ、対応もマニュアル的になりがちになり、特定の利用者に対する連続的な働きかけが容易ではなく、利用者と向き合い、寄り添った介護をすることが非常に困難な状況となっていた。

　また、低額な介護報酬による効率化圧力の下で、日本におけるスペシャリスト志向の強い資格のあり方も絡み合い、資格・職種間における介護労働過程の過度な分業も誘発された。日本の国家資格は、たとえば看護師、介護福祉士、社会福祉士は全く別の養成カリキュラムであり、看護師は診療補助や医療的ケア、介護福祉士は身体介助、社会福祉士は相談援助やソーシャルワークというそれぞれの限定された領域に特化した専門家として労働を行うことが想定されている。同一事業所の中では各職種は、非常に低い昇給間差の中で入職してから離職するまでの労働者人生を送ることが基本的に想定されている。

　上記のように制度的に分立した日本の国家資格の「枠」のあり方は、介護労働者が要介護者の生活全体を見渡し、かかわりうる余地を縮小させた。また、介護福祉士が他の国家資格等を取ってさまざまな職種を経験する余地をごく限定的なものにした。2000年代、現場で働く介

護福祉士が賃金を増やすために思い描くことのできる経済的、体力・気力的に実現可能な方法は、ケアマネの資格を取ることなどにほとんど限定されていた。

しかし、施設も職員もこういった現状を好しとしているわけではない。管理者も職員も、それぞれの描く理想のケアや入居者の状態から判断して本当にしなけれなければならないケアを実感しつつも、それを実現することが困難な現実から、苦悩や葛藤を抱いていた。そのなかで注目するべきは、低額な介護報酬下でとにかく作業数をこなす観点からすれば分業化や労働過程の細分化はある意味で理に適っているのであるが、あえてその圧力に抗い、誘発された分業体制やそのような中で各資格職種が課されている本来の役割以上のことを、各々の労働者がになおうとする実践が現場では散見されることである。

このことは、社会保障費抑制政策による専門的介護労働の変質・解体圧力の下で、現場労働者が抵抗し、人権としてのケアを実現しようと葛藤していた、せめぎあいの様相を表しているといえよう。

ただこのことは言い方を変えれば、そのようなせめぎあいの中で、理想のケアができないと介護労働者が諦めざるを得なくなったとき、労働者は燃え尽き、現場を去っていくということでもある。こういった要介護者の固有のニーズに対応しうる専門的でやりがいのある介護の実現が困難となっていったことも、介護労働者の離職や就労希望者減少の大きな要因である。

また、しばしば逼迫した経営状況やゆとりなき労働条件・環境は、介護現場における利用者、同僚、上司等との無用な人間関係の軋轢を助長する方向にしか作用しない。社会保障費抑制政策による労働強化はその点においても心底罪深い。労働条件・環境の低下と介護労働の変質ややりがいの解体が同時に進行したのがこの時期であった。

4) 外国人介護士の受け入れ政策

　なお、紙数の関係上、その本質を簡潔に述べるにとどめるが、この時期、推進が議論された政策として、EPA（経済連携協定）による外国人介護士・看護師受け入れ解禁政策があげられる。2000 年代前半の小泉政権の頃から FTA（自由貿易協定）ないし EPA による受け入れが表向きに議論されるようになり、その後インドネシア（2008 年度〜）、フィリピン（2009 年度〜）、ベトナム（2014 年度〜）からの介護士や看護師の受け入れが行われてきた。

　しかし、日本における外国人介護士受け入れ解禁政策は、2000 年の介護保険制度発足前夜の時期に、経済界と首相官邸サイドによって、介護労働者の賃金を低位に抑制する意図を込めて発案されてきたことを見落としてはならない[4]。外国人介護士受け入れ推進政策はこの時期、1997 年のアジア通貨危機を受けて経済界を中心としたメンバーが取りまとめ当時の小渕首相に提出された「『アジア経済再生ミッション』報告書」（1999 年）により提案されているが、そこには介護労働者の人件費を抑制する意図が示されている。

　ただ、EPA による外国人介護士受け入れについては、政府内でも経済界の意向を強く受けた首相官邸サイドなどが推進を掲げる一方、厚労省は国内雇用に与える影響等を理由に当初より慎重な立場を示してきた。同政策は首相官邸・経済界が強力に主導する中で、介護現場や当事者はもちろんのこと、省庁間ですら十分な合意形成が図られないまま強行された経緯があるため、その意義や内容、実施体制、受け入れ人数の水準等は混迷を極める結果となった。

　2017 年には介護福祉士資格を持つ留学生への在留資格付与、介護職種の技能実習制度への追加が行われ、また 2019 年 4 月からは、入管法の改定により、生産性向上や国内人材の確保のための取組を行ってもなお人材を確保することが困難な状況にある産業上の分野において、一定の専門性・技能を有し即戦力となる外国人を受け入れていく仕組

みを構築するとして、新設された「特定技能」の在留資格で介護分野に新たな外国人材の受け入れを可能とした。ただし現在のところ、これらの施策は介護現場の人材不足を解消するには程遠い規模となっている。

2 介護労働者処遇改善への表面的な動きと「自助」「互助」への回帰
—— 2009～2012 年頃

1) 介護職員処遇改善交付金、処遇改善加算の創設

　人材不足の深刻化を受け、2009 年 10 月から介護労働者の処遇を改善すべく介護職員処遇改善交付金が創設された（同交付金の創設決定は麻生政権下）。また同年に自公政権の「構造改革」政策がもたらした「格差社会」や破壊された社会保障制度等を修復する期待を受けて誕生した民主党政権（2009 年 9 月～12 年 12 月）は、2012 年の介護報酬プラス改定時にその介護報酬への組み込み、すなわち介護職員処遇改善加算を創設した。介護職員処遇改善加算は、一定の要件を満たした介護事業所で働く介護職員の賃金改善を行うための介護報酬上の加算である。その後の自公政権も同加算等によって一定の処遇改善策を行っている。

　しかし、この政策が賃金の改善や人材不足解消に対して十分な効果を上げたとは評価しがたい。というのも、表4−1 の「賃金水準」をみても分かるように、処遇改善策が実施された 2009 年～14 年までは以前と比べてもあまり賃金水準の改善が認められない（それ以後の時期の評価については後述）。この時期、介護現場は、労働条件が一向に改善しない中で、2008 年のリーマン・ショックによる失業者の発生と、その流入によって何とか、人材確保をつないでいたというのが実情である。

2) 社会保障制度改革推進法の成立と「自助」「互助」への回帰

　民主党政権下の 2011 年 3 月、東日本大震災が発生した。同震災は「絆」「助け合」や「ボランティア」ブームをもたらし、1995 年の阪神淡路大震災時の「ボランティア元年」を彷彿とさせる状況を引き起こした。「ボランティア元年」は当時、90 年代後半以降の新自由主義政策の強化の下で公的責任や役割を民間や NPO、ボランティア等に転嫁させていくイデオロギー的役割を果たしていったが、東日本大震災でも同様の雰囲気が日本を覆った。

　東日本大震災や福島原発事故への対応で政局が混迷を極める中、鳩山・菅内閣に続いた野田内閣は、それまでの 2 内閣とは一線を画す社会保障劣化政策に転じていった。大きな出来事は、2012 年 8 月に野田内閣のもと民主・自民・公明の 3 党協議によって、社会保障制度改革推進法（以下、「推進法」）が成立したことである。同法は、以後の社会保障制度改革を、国民が「自立」した生活を営むことを目標とし、「家族相互及び国民相互の助け合い」の仕組みを通じてそれを実現していくことを明文化したものであり、実質的には憲法 25 条を空文化させる違憲立法である。公的な社会保障給付を抑制ないし削減し、家族および国民相互の助け合いに置き換える内容であり、同法はその後の自公第 2 次安倍政権以降の社会保障の「自助」「互助」化、「地域包括ケアシステム」構築の本格始動への足掛かりとなっていった。

3　第 2 次安倍政権以降の介護人材をめぐる動向
—— 2012 年以降

1)　第 2 次安倍政権以降の介護人材政策の潮流

　2012 年末に発足した第 2 次安倍政権以降、介護保険給付抑制政策は推進法をテコに従来以上に強力に進められていった。これ以降の時期の代表的な施策を列挙すれば、特養への入居を要介護 3 以上に制限

（2015 年〜）、一部利用者自己負担 2 割化（2015 年〜）、要支援 1・2 の介護予防給付（訪問介護・通所介護）を「総合事業」へ（2015 年〜）、一部利用者自己負担 3 割化（2018 年〜）などである。

　その後もこれらに加え、財政制度等審議会を中心に介護保険給付の劣化が画策されている。簡潔に例示すれば、要介護 1・2 の生活援助サービス等のさらなる「地域支援事業」への移行や、生活援助サービスの支給限度額の設定または利用者負担の引き上げ、利用者自己負担の原則 2 割化・対象範囲の拡大や段階的引き上げ、ケアプラン作成への自己負担導入などである。これらの諸施策は、現場や当事者の不安や反発が非常に強く、2019 年 12 月 16 日の厚労省社会保障審議会介護保険部会「介護保険制度の見直しに関する意見」においては、ひとまず先送りの情勢となっているが予断を許さない情勢である。

　国が介護保険サービスの受給制限や阻害を強める中で、介護の役割を期待されているのが、ボランティアや家族である。安倍政権は、2015 年 9 月に経済政策アベノミクスにおける「新・3 本の矢」の中で、「一億総活躍社会」による強い経済を目指すため、3 つの矢を提示し、第 3 の矢に「安心につながる社会保障」をあげ、とくに介護を理由に仕事を辞める人をゼロにする「介護離職ゼロ」社会の実現を掲げた。翌年の 2016 年には「ニッポン一億総活躍プラン」を策定し、ここでは「介護離職ゼロ」「仕事と介護の両立」というスローガンを掲げているが5)、同時期に安倍政権が進めた介護保険サービス利用阻害策などを踏まえこの内実を客観的に評価すれば、市民に経済成長のための就業者の役割と、社会保障費抑制のための在宅介護者の役割両方を求める非常に過酷な内容である。「一億総活躍」などといったキャッチコピーは戦前日本の精神論を彷彿とさせる。

　これ以降、国は、「介護保険制度の持続可能性」を取り繕うために、介護保険サービスの利用の制度的な制限を強化することによって、介護保険制度をになう専門職の総数ないし介護保険サービス供給の増大

の伸びを抑え、介護の担い手として地域住民や家族を動員し、かつ、要介護者に自立を求める本末転倒な政策を強めていった。

2) 長年の社会保障費抑制政策の帰結としての破局的な介護労働者不足と「介護の社会化」路線の転換

　第2次安倍政権以降、自公政権は介護保険が発足当初に国民に対して掲げた建前やメリット（「介護の社会化」、「措置から契約へ」（契約による権利性）、サービスの選択の自由、介護の営利化）に悉く反する政策を行うようになった。ゆえに、介護保険制度が発足当初に国民に対して表面上示していた理念や建前は、もはや事実上失敗・破綻に終わったと評価せざるを得ない[6]。

　安倍自公政権による社会保障抑制政策が強力に進められる中、近年介護現場では破局的と表現せざるを得ない人材不足が表出した。再び表4-1に立ち返ってみたいが、第2次安倍政権以降の時期、2015年から介護労働者の賃金が一部大きく回復の動きを見せた。同年に「施設介護職員（一般労働者）」の年収は316万円に急回復の動きを見せ、18年には340万円程度まで回復してきている。このことは一見、国による処遇改善加算等の政策の効果というふうに思われがちである。

　しかし、これには他に大きな要因がある。それは、この時期の有効求人倍率の急上昇（人材不足の激化）である。先述のように、2003年、06年の介護報酬マイナス改定は、介護人材不足を社会問題化させたが、今日の介護人材不足は当時の比ではない深刻な状況である。2000年代の有効求人倍率は全国平均で2倍もなかったが、14年に「介護サービスの職業」で2倍の大台を超え、18年には4.01倍という破局的な状況となった。

　ここで注意したいのは、賃金が上昇・回復し始める時期と、有効求人倍率の急上昇し始める時期のタイミングである。2014年に有効求人倍率が急上昇し始め、それを追って15年から賃金が上昇し始めるとい

う関係性が見て取れる（表4-1網掛け部）。つまり、今日の賃金回復は、処遇改善加算等の施策というよりも、人材不足の深化である程度無理してでも賃金を出してベテラン労働者を引き留めないともはや目先の事業が成り立たないという介護事業者の苦境を大きな背景としているわけである。統計上、正規雇用を中心とする労働者については全体では賃金改善が確認できるが、細かく分析すると、非正規雇用労働者等の中には改善がなかったり、逆に下がったりしている層も見受けられる。

　また、この間、介護労働者の表面上の処遇改善策が一定進められた一方、その他の介護報酬は引き下げなども行われている。よって、決して全体として介護事業者の経営が安定したわけではない。表4-1の「収支差率」の推移を見ると、介護保険発足直後は、たとえば「介護老人福祉施設（特養）」では収支差率は10%ほどある時期もあったが、直近はわずか1%台である。営利企業の参入の認められている「通所介護」でも10%近い収支差率であったのが、直近では3.3%である。経営規模の小さい事業所の多い「訪問介護」は時期によって非常に不安定である。

　すなわち、近年の介護労働者の賃金水準の見かけ上の回復は、近年の自公政権による社会保障費抑制政策によりトータルとして介護報酬が振るわない状況下で、猛烈な人材不足の中、何とか労働者を引き留め、囲い込み、また他の事業所から「引き抜き」などをして確保するために、事業者が相当経営基盤を犠牲にしながら一部のベテラン労働者の待遇引き上げに腐心していることによる。

　事業所経営上は人を増やす余力を弱体化させられたため、仮に今いるベテラン労働者の待遇をある程度改善し引き止めることはできたとしても、不足している人員を拡充し、ゆとりある労働環境を実現するには程遠い状況である。また、経営基盤の弱体化は、日本各地で絶対的な介護サービス不足が問題となっている中で、新規事業所開設や参

入増等を困難にするため、公的介護サービス不足の解決にはならない。社会保障費抑制のためにこうやって介護保険による公的サービス供給量を抑制し、そこから排除された人々は「自助」「互助」でやってくれという介護保障に値しない貧困な政策が今日の国の地域包括ケアシステム構想である。

3) 疲弊させられる在宅介護者

　このような政策は何をもたらすか。2012年9月に筆者が三重県津市白山地域で実施した「白山地域の地域医療・保健・福祉に関する調査」（対象者3106名、回収率91.6％）の回答者中から、家族介護をになう在宅介護者の状況を見てみよう[7]。

　表4-2は在宅介護者とそれ以外の非介護者の健康状態について、SF™-8日本語版（スタンダード1か月版）を用いて身体的サマリースコア（PCS）及び精神的サマリースコア（MCS）を把握し比較したものである。同調査は医療・福祉資源が不足する今日の日本地方都市における住民の生活状態の把握を試みたものであるが、その結果、在宅介護者の健康状態が非介護者に比べ有意に悪化が進行している傾向が明白となった。

　また、SF™-8はサマリースコアの日本国民標準値（2007年）を公開しているが、たとえば、慢性疾患を2つ以上抱える患者の日本国民標準値は、PCS平均値が45.75、MCS平均値が49.06である[8]。これらと上記調査の在宅介護者のスコアを単純に比べると、慢性疾患を2つ以上抱える患者のそれよりも悪い。

　適切な介護保障がなく、家族で介護を抱え込んでいくことが、要介護者のみならず在宅介護者の健康に悪影響を与えていることが、個別具体的な事例ケースからだけでなく、量的調査からも確認されている。筆者はその後他の地域でも類似の在宅介護者の調査を行っているが、こういった状況は依然として改善される気配はない。

表4-2　在宅介護者と非介護者の身体的サマリースコア（PCS）および
　　　　精神的サマリースコア（MCS）の平均値

白山調査	回答数	身体的サマリースコア （PCS）平均値*	精神的サマリースコア （MCS）平均値**
在宅介護者	358	44.83	46.36
非介護者	1,592	45.95	47.85
合　計	1,950	45.74	47.58

*p＜0.05　**p＜0.01
注：PCS および MCS は、SF-8™ 日本語版（スタンダード 1 か月版）による。
　　回答者数は調査回答者のうち、スコア算出に必要な質問項目の無効回答者
　　を除く。
出典：［井口，2017］p.13。

　従来、日本の性別役割分業の下では、介護は家庭内の労働に特化さ
せられた専業主婦が大きな役割を担わされてきた。しかし、措置時代
や介護保険制度発足当初と今日の状況を比較すると、サラリーマン家
庭のうち、専業主婦のいる世帯と共稼ぎ世帯の比率は逆転し、現在は
後者が多数派である。専業主婦にとっても介護は大変な仕事であるが、
もはや再び家族介護に回帰することは不可能な社会的状況となってお
り、このような中で「自助」「互助」を求めていく政策は、要介護者や
在宅介護者の健康を悪化させる危険性が高いことが明白な健康権侵害
の精神論的施策でしかない[9]。要介護者への虐待事件や、介護殺人等
が後を絶たない状況となっている。

4　介護保険 20 年の人材政策の総括と近年の動向

1）　新自由主義介護保険がもたらした介護人材養成・確保の破綻

　以上の過程を経て今日、介護をになう労働者の層も大分変化した。
例えば、表4-1 の労働者の平均年齢を見ると、介護保険発足直後の
2002 年当時、「施設介護職員（一般労働者）」の平均年齢は 34.8 歳、「ホ
ームヘルパー（短時間労働者）」は 48.5 歳であったが、18 年には前者

が 41.9 歳、後者が 57.7 歳とほぼ 10 歳近くも高年齢化が進んだ。介護現場では、訪問介護では従来から主婦層の人などが多いが、介護保険発足直後は、特養などの施設系では 20 代、30 代の比較的若い労働者も多く働いていた。この 20 年間で、全般的に若年層の新規就労希望が減ってきていることを表している。

2000 年代の中頃、当時はまだ若者が生涯の仕事として熱心に介護福祉士を目指す様子が多くみられたが、経済界大企業の利益を最優先した自公政権による小泉「構造改革」をはじめとする社会保障費抑制政策は、先述のように介護労働者の労働条件を大幅に引き下げ、「介護現場は労働条件が悪い」というイメージを固定化する結果となり、介護を生涯の職業として志望する、次世代をになう若年層の希望を大きく打ち砕いていった。09 年に誕生した民主党政権の頃からようやく介護労働者の処遇改善に腰を入れ始めるが同政権は 3 年で終了し、その後の安倍自公政権は「見かけ上」、処遇改善策に取り組んできたが、先述のように事業所経営を実質厳しくする一方であり、介護専門職や公的サービスを抜本的に増加させ介護保障を目指す政策を放棄している。

近年統計上は、介護労働者の賃金水準が一部回復しているように見え、望ましいことのように思えるが、このことは、長年にわたり介護労働者の処遇を引き下げ、抑制し、介護を生涯の仕事として志望する多くの若者の希望を打ち砕き、離職や破局的人材不足を作出・助長してきた新自由主義的介護保険及び介護人材政策の失敗・破綻の皮肉な表れなのである。

2000 年代前・中期の労働条件の大幅引き下げ、そしてその長きにわたる定位抑制固定化政策による介護労働条件へのネガティブイメージの作出ないし介護労働の変質は、その後の志望者の減少に現在に至るまで尾を引かせる結果となった。日本における少子高齢化の進行の可能性は、90 年代からすでに危惧されていたのだから、人材を確保するためには労働条件を引き下げるのではなく、よりいっそうの若い人た

ちが安定して働く希望を持てる労働条件・環境づくりや人材育成策を行ってくるべきであった。そのように主張してきた現場労働者の人々や介護研究者等の切なる声を実質的に無視してきたこの間の保守政権の責任は免れない。

2)　「全世代型社会保障」と介護労働

　近年、以上のように国・経済界の社会保障費抑制政策が作出・助長した介護現場の困難な状況をさらに利用し、経済界が先端技術を様々な形で医療・介護現場に売り込み（＝社会保障財政を利潤追求の対象と化し）、さらにいっそう専門的な介護労働を解体しようとする動向がみられる。それがロボット・ICT・AI 等の先端技術を利用した介護の効率化、標準化、「科学的介護」への動向である。

　たとえば、2018 年 6 月の「経済財政運営と改革の基本方針 2018～少子高齢化の克服による持続可能な成長経路の実現～」（骨太の方針）では、「科学的介護」の推進と称し、自立支援・重度化防止等に資するAI を活用した科学的ケアプランの実用化等が掲げられている [10]。また、この間の「全世代型社会保障」をめぐる議論においても、社会保障の当事者（ケアを必要とする人々・家族や専門職等の団体）を露骨に排除した非民主的な全世代型社会保障検討会議において、経済界出身のメンバーが、先端技術の医療・介護現場への導入による効率化を盛んに提案している。そして、介護サービスの提供における人員配置基準の緩和が提案されている [11]。

　もちろん、ロボット・ICT・AI 等の導入はやり方によっては積極的な意味が全くないわけではないだろうが、十分に注意が必要なのは、それが税等の負担能力のある経済界・大企業が社会保障財政への貢献を忌避し、人々の人権を解体し「自立」や「自助」を求める、社会保障費抑制を命題とする政治的文脈の中で提案されていることである。いくら高度な機械を導入しても、それが目的である限り、人々の固有の

ニーズの実現を脅かす危険性が非常に大きい。資本主義経済システム下における、企業による利潤追求や社会保障費負担軽減欲求が前面に押し出された状況下では、機械や先端技術の導入は、労働の熟練の解体やマニュアル化・単純労働化、効率化・合理化による労働過密、人員削減をもたらすことはあっても、要介護者のニーズと労働者の専門的裁量に基づいたゆとりある労働を実現することには多くの場合つながらない。

　この間の社会保障費抑制政策において、国は診療報酬や介護報酬改定を用いて経済的に、また要介護認定等を用いて介護保険制度の対象者を限定・選別するなど制度的に専門職のケア労働における自律性や裁量性に枠をはめ、ケア内容を社会保障費抑制という国策に沿ったものになるよう、制限・コントロールしてきた。そのなかで、現場では時に当事者にとって真に必要なサービスもが切り捨てられ、歪められてきた現実がある。「全世代型社会保障」による経済界主導の先端技術の導入による当事者の声や実態、多様性を無視した強引な介護労働の解体が進めば、人々の潜在的な能力を開花させる人権とは全く異なるものにケアというものを変質させていく危険性が非常に高い。経済界の利益を至上命題とした社会保障費抑制のためにケアを「効率化」「標準化」するといったイデオロギーに流されるのではく、要介護者や家族の固有のニーズに適った柔軟かつ多様なケアを実現するために、負担能力有り余る大企業や富裕層に社会保障財政への貢献を求め社会保障費を増加させていかなければならない。それが人権である。

おわりに

　医療・介護といった分野は、市場の仕組みでは様々な固有のニーズを持つ人々に必要なサービスの提供が健全に行われないことがかなり以前から知られてきた。経済学で有名な「市場の欠陥（失敗）」と呼ば

れる事象である。それ故に、戦後日本は垂直的な所得再配分に基づく国家による積極的関与によるサービス保障の仕組み（措置制度や健康保険制度などの公的責任による社会保障制度）の構築を長年かけて追求してきたわけである。

　しかし、1990年代中葉以降の新自由主義「構造改革」下における介護保険制度による公的責任の劣化や市場化・営利化は、そういった「市場の欠陥」を国家が積極的に補い、サービス提供の国家責任を発展させるものではなく、それを再び市場原理や家族の自助努力・自己責任の下に押し戻していくベクトルの政策であった[12]。その末路は小論で整理したとおりである（介護労働の変質、破局的人材不足の作出・助長、必要な介護サービス供給の不能……）。介護保険制度20年の帰結は、従来から経済学分野で言われていた「当たり前」のことが、その通りに再現したとでもいうべきものであった。

　この20年の経験を無駄なものにしないためにも、現下の状況の中で介護の当事者（要介護者、家族、専門職等）が力を結集して検討しなければならない課題はさしあたり以下であろう。

　第1は、社会保障政策過程への当事者参加の実質的な実現の要求である。いうまでもなく、医療や介護は人々の生活や生命に密接な人権である。であるからこそ、先端技術を導入する際には、ケアを必要とする人々や家族、専門職との丁寧な議論が必要である。それを欠いている今日の政策推進のあり方は、非常に危険である。憲法上民主主義が保障されるべき日本において、「全世代型社会保障検討会議」のように社会保障の一義的当事者を排除して社会保障の議論を進めるなど論外である。また、形骸化している社会保障審議会などへの当事者参加や、当事者への権限の付与を要求していかなければならない。国レベルのみならず、自治体や地域での当事者の組織化や、意見反映の仕組み作りも不可欠である。

　第2に、当事者の立場からの、最新技術登場下での、介護労働のあ

り方の具体化の必要である。最新技術の導入は、経済界主導の非人権的な社会保障費抑制圧力が強い政治的状況下では、単に専門的介護労働をマニュアル化して解体し、介護サービス効率化・削減するための手段となりかねない。ただ、人権を求める当事者のそれに対する抵抗力が強い場面では、使い方ないし科学技術の制御の仕方によって、労働者や要介護者の負担を軽減し、人権に適ったケアをいっそう発展させることにつながりうる。そのためには、上記の政策参加や意思決定のプロセスへの参加が不可欠である。

　要介護者の発達保障という人権としてのケアを展望した場合、機械に置き換えることのできない中核となる介護労働の専門性や要素は何か、といったことを専門職や要介護者・家族で議論し明確化していくことが不可欠である。

　第3は、高額な先端技術を介護現場に導入するにしろ、専門職を養成し働き続けられる労働条件・労働環境を整備するにしろ、人権としての介護保障を拡充するには財源が必要である。「全世代型社会保障」のように、大企業の社会保障への財政貢献を回避するために消費増税によって庶民間に傷のなめ合い（水平的再配分）をさせごまかすのではなく、先進諸国の中でも低負担となっている日本の大企業や富裕層への社会保障財政への貢献（垂直的再配分の強化）を求めていくことが一層不可避である。

注
1　介護労働安定センター「事業所における介護労働実態調査」（2007）より。数値は「介護サービス従事者」についてである。
2　総務省「就業構造基本調査」を用いて雇用者における非正規雇用率を算出すると、2002年に31.9％、2007年に35.8％であったが、2012年には40.7％となった。なお「正規雇用」とは厳密には、①フルタイム、②常用雇用、③直接雇用の3点を満たす労働者である。上記のうち1点でも欠く者は、「非正規雇用」に分類される。この非正規雇用率はこれを基にして筆者が算出した値である。

3 　専門職および介護労働の「専門性」に関する議論動向の整理や、介護保険下におけるその解体圧力の実態の詳細については［井口、2009、2011］など参照。

4 　この時期の外国人介護士受け入れ政策の経緯詳細については［井口、2007、2011］参照。

5 　一億総活躍会議（2016）「ニッポン一億総活躍プラン」首相官邸、http://www.kantei.go.jp/jp/singi/ichiokusoukatsuyaku/pdf/plan1.pdf、最終閲覧日2016年8月1日。

6 　詳しくは［井口、2015］参照。

7 　同調査の詳細分析については［井口、2017］参照。

8 　福原俊一・鈴鴨よしみ『SF-8™日本語版マニュアル』特定非営利活動法人健康医療評価研究機構、2012年、p.70。

9 　健康権については［井口、2018］参照。

10 　首相官邸「経済財政運営と改革の基本方針2018〜少子高齢化の克服による持続可能な成長経路の実現〜」2018年6月。

11 　全世代型社会保障検討会議「全世代型社会保障検討会議（第6回）議事録」2020年2月。

12 　このような介護保険制度の性格ないし「準市場」の枠組みについては［横山、2003］参照。

引用・参考文献

井口克郎「わが国における介護分野への外国人労働者受け入れ政策の背景と本質」『賃金と社会保障』1449号、旬報社、2007年、pp.22-38。

井口克郎「介護現場の『人手不足』と若者の介護への就職意識：『介護福祉士養成施設における学生の就職意識に関する調査』結果から」『人間社会環境研究』15号、金沢大学大学院人間社会環境研究科、2008年、pp.69-84。

井口克郎「介護労働者の専門職化に関する考察」『日本医療経済学会会報』28巻1号、2009年、pp.26-56。

井口克郎『介護保険制度下の介護労働者の地位に関する研究─介護人材政策批判序説─』金沢大学大学院人間社会環境研究科、博士論文、2011年。

井口克郎「介護保険サービス抑制の問題点─岐路に立つ介護保障─」『経済』No.237、新日本出版社、2015年、pp.23-33。

井口克郎「介護保障抑制政策下における在宅介護者の実態」『日本医療経済学会会報』33巻1号、2017年、pp.5-32。

井口克郎「医療・介護保障の抑制・後退政策と対抗軸―日本における『健康権』
　の普及と確立を―」『経済』No.277、新日本出版社、2018 年、pp.28-41。
井口克郎「介護保険制度 20 年の介護労働力政策の総括」『住民と自治』No.688、自
　治体問題研究所編、2020 年、pp.18-20。
横山壽一『社会保障の市場化・営利化』新日本出版社、2003 年。

第 5 章

自治体はどう変えられようとしているのか

日下部雅喜

はじめに

　介護保険は、市町村（特別区を含む）によって運営されている。市町村介護保険事業の 20 年はいかなるものであったのか。本章では、介護保険の根本的な欠陥である財政構造と保険料問題についてみた上で、介護保険 20 年が市町村に何をもたらしたかについて介護保険財政、給付抑制、総合事業を中心に概説する。そして、政府が狙う「保険者機能強化」についての動きの危険性について指摘し、住民運動の課題についても述べたい。

1　介護保険制度と市町村

1)　援護の実施者から保険者へ

1　措置制度からの「解放」

　市町村は、1990 年の社会福祉関係 8 法改正以来、老人福祉制度では「措置権者」として援護を要する個々の高齢者を援護する義務を負っていた[1]。

　2000 年の介護保険制度施行によって、介護サービスの利用は、利

用者（家族）と事業者・施設との「契約」による利用となり、市町村は、サービス利用の局面から姿を消し、その受給資格である「要介護認定」を行うだけの存在となった。措置制度の義務から「解放」された市町村は、個々の介護サービス提供には直接かかわることがなくなっていった。

「介護サービスを利用したい」という住民の相談に対して「ケアプランセンターの一覧表」を渡して「自分で選んでください」と丸投げする自治体窓口の出現である。自ら「決定」をすることがなくなった市町村職員は、特別養護老人ホームが定員いっぱいで何年待っても入れず途方に暮れている住民を目の当たりにしても直接的な「責任」を感じなくなっていったのである。

介護保険は、市町村単位の社会保険として、65歳以上の住民全員を強制・自動的に加入させ（第1号被保険者）、介護保険料を徴収し、他の歳入と合わせて「介護保険事業特別会計」で一元的に財政運営し、3年間ごとの見通しをもって介護サービス提供体制整備と需給調整をはかる（介護保険事業計画）という役割を市町村に与えた。

個々の高齢者への支援はケアマネジャーなどに委ね、市町村は、基盤整備や事業者指導・調整などの介護保険事業の円滑運営に専念するという構図だ。

2　市町村を保険者とした「理由」

「保険者」とは一般に、保険事業を運営し、被保険者から保険料を徴収する一方で、保険事故が発生した場合に約定に即した支払い（保険給付）をする主体をいう。介護保険制度では、市町村及び特別区（以下「市町村」）を保険者としている（介護保険法第3条）。市町村を保険者とした理由については、①高齢者の多くが一般的に稼得生活から引退しており、医療保険のように「職域」と「地域」に保険集団を分けるよりも高齢者の主要な活動の場である「地域」を保険集団とすることが適当であり、②市町村が住民に最も身近な基礎的自治体である

こと、③市町村はそれまで措置制度下で高齢者に対し福祉サービスを提供してきた実績があり、老人保健の提供主体として位置づけられていたからであると説明されている[2]。

　しかし、保険者は、介護サービス費の給付主体であるとともに、保険料を徴収し保険財政を運営する財政主体でもある。介護保険制度によって、市町村は、介護サービスの提供主体から、費用の給付主体へと役割を転換させ、さらに財政主体の役割を持たされることで、サービス費給付を「保険財政」の視点で管理・調整することになったのである。

2)　介護保険財政の仕組みと保険料負担

1　介護費用の財源負担を保険料に肩代わり

　2000年度に介護保険がスタートする以前は、老人福祉法に基づき高齢者介護の費用は全額公費（国50％、都道府県25％、市町村25％）でまかなわれてきた。

　介護保険制度では、公費の負担を半分に減らして50％（国25％、都道府県12.5％、市町村12.5％）とし、残りの50％を「介護保険料」として40歳以上の国民に負担させることになった（表5-1）。

　国の負担分のうち、総給付費の5％相当額を「調整交付金」として、市町村の「財政力格差の調整」にあてるとされている。市町村によっては5％以上交付される場合もあれば5％以下の場合もある[3]。その「過不足」は第1号被保険者の介護保険料で、すなわちその市町村の65歳以上の住民負担で調整されることになる。

　現在、日本全国の「介護給付費」は約11.5兆円と見積もられているが、そのうち、国・都道府県・市町村の負担は約5.7兆円、保険料負担は約5.7兆円となっている（厚生労働省老健局説明資料、図5-1）。まさに、超高齢社会の到来によって、増え続ける介護費用の公費負担を中高年国民の保険料によって肩代わりさせる役割を介護保険制度は

表5-1　従来の高齢者福祉制度と介護保険の財源負担（居宅サービスの場合）

○介護保険以前の高齢者福祉制度（一般市町村の場合）

公費（税金）100%			利用者負担（所得に応じて負担）
国 50%	都道府県 25%	市町村 25%	

○介護保険制度（第7期の場合）

保険料 50%		公費（税金）50%			利用者負担（所得により1割～3割負担）
65歳以上（第1号被保険者）23%	40歳～64歳（第2号被保険者）27%	国 25%	都道府県 12.5%	市町村 12.5%	

注：国25%負担の内5%は調整交付金であり、市町村の状況により増減され、増減分は65歳以上の第1号被保険者負担割合で調整する。
出典：厚生労働省。

（令和2年度予算案　介護給付費：11.5兆円）
総費用ベース：12.4兆円

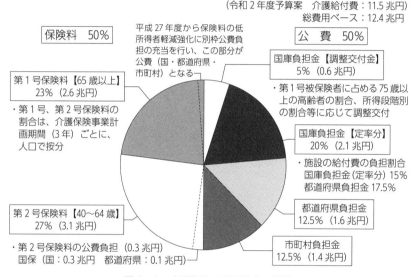

図5-1　介護保険の財源構成と規模

注：数値は端数処理をしているため、合計が一致しない場合がある。
出典：社会保障審議会介護給付費分科会（2020年3月16日）、厚生労働省老健局説明資料。

果たしている。

2　第1号被保険者と第2号被保険者の保険料負担の割合

公費分を除いた給付費（50%）の介護保険料負担は、全国の第1号被保険者数（65歳以上）と第2号被保険者数の人口割合で3年ごとに

按分割合を決めることになっており、第7期（2018年度〜2020年度）は65歳以上の高齢者の負担割合は23％、40歳以上65歳未満は27％である。

第2号被保険者の介護保険料は、各健康保険の保険者が40歳以上の被保険者の医療保険料に上乗せして徴収し、介護納付金として全国にプールされ各市町村に給付費の27％分が交付される。

3　65歳以上の第1号保険料と市町村

市町村が決めて徴収するのは65歳以上の第1号被保険者の介護保険料（以下「第1号保険料」）である。市町村は、介護保険事業に要する費用に充てるため、保険料を徴収しなければならない（介護保険法第129条第1項）とされており、第1号保険料は、各市町村が政令の定める基準に基づき条例で決めることになっている。おおむね3年を通じ財政の均衡を保つことができるものでなければならない（介護保険法第129条第3項）とされ、介護保険事業計画期間である3年間の収支状況を勘案して保険料の額等を決める。

荒っぽく言えば、その市町村の介護に必要な費用の23％分相当を65歳以上の全員で割って負担させるというのが「保険料基準額」の考え方である（**資料5−1**）。次のステップで所得段階別の保険料額が設定されるが、もととなる「基準額」そのものは、高齢者の生活や負担能力を一切考慮せず、高齢化の進行により介護サービスの利用量がふえるとそれに比例して上昇していくことになる。

後述するように、この第1号保険料が、市町村の介護保険事業を大きく歪めることになっていくのである。

4　保険料段階の設定

第1号保険料は、所得段階別の定額制である。国基準（介護保険法施

$$\frac{その市町村の介護保険事業費用額×23\%}{その市町村の65歳以上の人口（第1号被保険者数）}$$

資料5−1　65歳以上（第1号被保険者）の第1号保険料の決め方（荒いイメージ）

表 5-2　国基準の第 1 号保険料の所得段階

所得段階	対象者	保険料率
第 1 段階	生活保護受給者、世帯全員が市町村民税非課税の老齢福祉年金受給者、世帯全員が市町村民税非課税かつ本人年金収入等 80 万円以下	基準額×0.50 ※公費軽減後は 0.30
第 2 段階	世帯全員が市町村民税非課税かつ本人年金収入等 80 万円超 120 万円以下	基準額×0.75 ※公費軽減後は 0.50
第 3 段階	世帯全員が市町村民税非課税かつ本人年金収入等 120 万円超	基準額×0.75 ※公費軽減後は 0.70
第 4 段階	本人が市町村民税非課税（世帯に課税者がいる）かつ本人年金収入等 80 万円以下	基準額×0.90
第 5 段階	本人が市町村民税非課税（世帯に課税者がいる）かつ本人年金収入等 80 万円超	基準額×1.00
第 6 段階	市町村民税課税かつ合計所得金額 120 万円未満	基準額×1.20
第 7 段階	市町村民税課税かつ合計所得金額 120 万円以上 200 万円未満	基準額×1.30
第 8 段階	市町村民税課税かつ合計所得金額 200 万円以上 300 万円未満	基準額×1.50
第 9 段階	市町村民税課税かつ合計所得金額 300 万円以上	基準額×1.70

出典：社会保険研究所（2018）「介護保険の実務　保険料と介護保険財政　平成 30 年 8 月版」p.106 の表を筆者改変。

行令第 38 条第 1 項）では、9 つの所得区分に分け、それぞれについて基準額に保険料率を乗じて得た定額により設定されている。これについては、制度開始当初の 5 段階制に比べれば、いくらかましになったとはいえ、①高額所得者は「頭打ち」があり、所得の高い者は有利である。②低所得の人は保険料率は 1 以下に軽減されても住民税非課税世帯で本人の年金が 0 円〜80 万円でも「基準額×0.5」の第 1 号保険料を徴収され負担割合が重い——という「逆進性」が問題となっている。

　その後、国は 2015 年〜2020 年度にかけて、消費税増税の「低所得者対策」の一環として、非課税世帯の低収入層に対して、消費税増税分の一部を使って、「公費による低所得者軽減」を行い、最も低い第 1 段階では基準額の 0.3 まで軽減された（表 5-2）。

　また、全国の市町村では「まだまだ不公平だ」との議論があり、独自の多段階化に踏み切っているところも多い。例えば東京都港区は第

17段階（合計所得金額が5000万円以上、基準額×5.10）というところもある。

5 保険料の徴収―強制的な年金天引き

　第1号保険料の徴収方法には、「特別徴収」と「普通徴収」がある。「特別徴収」は年金から徴収する方式で、大部分が特別徴収である。月額1万5000円・年額18万円以上の年金を受給していれば、強制・自動的に特別徴収となる。この「月1万5000円・年額18万円ライン」については、介護保険制度創設検討時にさまざまに議論がなされた。当初、老齢基礎年金の月6万円以上にする案や月3万円以上するといった案があったが、最終的に第1号被保険者の8割以上をカバーできるラインということで、年額18万円以上に落ち着いた。年金生活者が困らないかどうかでなく、いかに多数を年金天引きでカバーできるかで決めた基準といえる。

　この特別徴収制度は、①年金保険者には特別徴収対象者を市町村に通知する義務を負わせ（介護保険法第134条第1項）　②市町村は特別な事情がある者を除き特別徴収によって徴収する（介護保険法第135条第1項）とされており、ほとんど強制的に年金天引きされてしまう制度である。2008年度に同じ特別徴収制度が導入された国民健康保険料、後期高齢者医療保険料については、「選択制」となったにも関わらず、第1号保険料は選択できない強制天引き制度となっている。第1号保険料は年金天引きのおかげで、全国的には2018年度で99.0％の収納率を確保（厚生労働省平成30年度介護保険事業状況報告年報）している。

2　介護保険20年と市町村の経過と実態

1）「地方分権の試金石」

　介護保険は、65歳以上の高齢者全員が支払う保険料について、市町

村が介護サービスの水準を見つつ、保険料を独自に設定できるようにした点が大きな特徴であった。しかも政府が国民健康保険のような法定外繰入を厳しく戒めたため、市町村は保険料やサービスの水準の是非について、保険料を負担する高齢者に説明する義務を負わされた。

　介護保険施行の前年の1999年に地方分権一括法が成立したこともあり、介護保険は「地方分権の試金石」と言われた。市町村が条例で65歳以上の保険料やその所得別の高低を決め、サービスの上乗せや制度外のサービス追加などもできる仕組みであることから、厚生省（当時）は、「住民のニーズに応え、地域の間で切磋琢磨することで、介護サービスの基盤が充実していくことが期待される。制度をどのように運営し、また魅力あるものにしていくか、市町村の取り組みが注目されるところであり、まさに地方分権の試金石と言えよう」（「厚生白書平成12年度版」）とのべていた。

　市町村は、準備不足や混乱を伴いながら、自治体職員の中には「わが街の介護保険」を作り出そうと夢と志を持って業務に邁進した人たちもいたほどである。

2)　介護給付の増大と高騰する第1号保険料

1　給付費3倍、保険料2倍

　2000年度のスタート時から65歳以上高齢者数は2165万人（2000年4月）から3528万人（2019年4月）と1.6倍に増加したが、要介護認定者数は218万人（2000年4月）から659万人（2019年4月）と3倍に増加し、介護サービス利用者は149万人から487万人と3.3倍に増加した。保険給付費等は2000年度の3.2兆円から2017年度9.8兆円と3倍以上に増加している。これに連動し、第1号保険料は、出発当初の基準月額が全国平均2911円（第1期：2000年度〜2012年度）であったが、3年ごとに引き上げを繰り返し、現在（第7期：2018年度〜2020年度）は5869円と2倍以上に跳ね上がっている[4]。

2 高齢者の負担の限界を大きく超える保険料

　自治体間の格差も大きい。第7期の第1号保険料の最高額は福島県葛尾村の9800円、最低額は北海道音威子府村の3000円と3.2倍以上の差がついている。保険料基準額の階層別分布を見ると、4000円以下が9（0.6%）、4001円～5000円が217（13.8%）に対し、5001円以上が8割以上を占める。10年前の2010年には厚生労働省の審議会意見書に「第1号保険料は5000円が限界」[5]とまで書かれていたことを考えるとまさに「負担の限界」を大きく突破してしまったのである。6001円以上でも526（33.5%）と全市町村の3分の1にあたる。老齢基礎年金は満額受給したとしても月6.6万円程度にしかならない。第1号保険料は年額では年金の1カ月分がまるまる消えてなくなるような額になった。

3) 介護給付費準備基金と都道府県財政安定化基金に見る
市町村介護保険財政

1 「とりすぎ保険料」の蓄積＝介護給付費準備基金の増加

　市町村介護保険は「3年間」を通じて収支を均衡させる中期財政運営が行われている。そのため、市町村の一般会計と分離された「介護保険事業特別会計」が設置されている。介護保険事業特別会計では、保険給付費など必要な支出額から、国・都道府県・市町村負担の公費分、第2号被保険者の介護保険料からの交付金などの収入を除いた財源はすべて第1号保険料で賄うことになっている。

　高齢化が進行しているなかでは、給付費は、3年間では1年目よりも2年目、そして3年目と年々増えていく。3年間を見越して設定される第1号保険料は、通常は1年目に剰余金が生じることになる。これを介護給付費準備基金として積み立てておき、2年目以降に給付費が不足した場合に取り崩すことになる。最終年の3年目で準備基金がなくなり、収支も均衡していれば第1号保険料の水準は過不足がなか

表 5 - 3　介護給付費準備基金の状況

年度　　事業計画の期	準備基金残高合計（単位：億円）	基金保有保険者数
2002 年度　第 1 期末	1,944	2,089
2005 年度　第 2 期末	1,663	1,401
2008 年度　第 3 期末	4,050	1,534
2011 年度　第 4 期末	2,848	1,452
2014 年度　第 5 期末	3,024	1,428
2017 年度　第 6 期末	5,786	1,467
2018 年度	6,947	1,482

出典：厚生労働省「介護保険事業状況報告」から筆者作成。

ったことになる。

　給付費が予想以上に少ない場合は、積み立てられた第 1 号保険料である介護給付費準備基金は繰り越されることになるが、「とりすぎ保険料」であるので、本来は第 1 号被保険者に返還すべきものであるが、技術的にも困難であるので、次の 3 年間で取り崩して、保険料抑制の財源とすることが適切である。

　全国の市町村（保険者）の介護給付費準備基金の各計画期間末年度の残高合計額をみると拡大傾向にあり、取りすぎ保険料による「黒字」が出ていることが分かる（表 5 - 3）。また、各計画期間末の準備基金残高が一時期を除いて減らず、積み増しされて行っていることから、長期わたって積み立てている市町村も存在していると考えられる。

2　都道府県財政安定化基金の運用状況

　市町村の給付費が予想を超えて伸びるなどして財源不足になった場合、一般財源から補填しなくてもよいように都道府県に設置されている「財政安定化基金」から貸付等を受けることができる。この財政安定化基金は、国・都道府県・市町村が拠出して造成しているが、市町村の拠出分はすべて第 1 号保険料が財源である。そして財源不足となり、貸し付けを受けた市町村は次の 3 年間で償還することになるが、その財源はすべて第 1 号保険料である。「赤字」の 3 年間分の借金返しは次

表 5-4　財政安定化基金貸付状況（各計画期間末年度末累計）

年度	期	貸付を受けた保険者数	貸付額（単位：百万円）
2002 年度	第 1 期末	735	40,370
2005 年度	第 2 期末	423	39,183
2008 年度	第 3 期末	57	2,200
2011 年度	第 4 期末	138	9,814
2014 年度	第 5 期末	125	7,569
2017 年度	第 6 期末	23	551
2018 年度		4	72
2019 年度		5	67

出典：厚生労働省「財政安定化基金貸付等状況」から筆者作成。

の第 1 号保険料を値上げして返すという仕組みである。まさに、赤字の責任を当該市町村の高齢者全員に負わせるという「連帯責任」の制度である。また、赤字でも市町村の一般財源には手を付けさせず、介護保険財政の「自己責任」とする仕組みでもある。

　財政安定化基金の貸付状況を各計画期間末年度ごとにみていくと、第 1 期末（2002 年度）は 735 保険者、403 億 7000 万円、第 2 期末（2005 年度）は、423 保険者、391 億 8300 万円にのぼったものの、それ以降は貸し付けを受ける保険者は減少し、第 6 期末（2017 年度）では 23 保険者 5 億 5100 万円にまで減少し、2019 年度では 5 保険者、6700 万円となっている（表 5-4）。

4）　給付抑制に走る市町村

1　給付と負担のジレンマ

　介護保険財政は市町村単位で、保険給付額と保険料負担がストレートに連動する仕組みである。65 歳以上の高齢者のうち、介護保険サービスを利用できる資格（受給資格）を持っているのは要介護認定を受けた人だけで、これは全国平均で 18.5％（厚生労働省介護保険事業状況報告令和 2 年 6 月暫定版）に過ぎない。8 割以上の圧倒的多数の高齢者は保険料を取られるだけの「掛け捨て保険」である。年金からの

強制徴収であるため徴収率は維持できるが、減り続ける年金から天引きされる高額な第1号保険料は高齢者の負担は限界を超えており、多くの人々は不満を抱いている。そして、一方で、高齢化の進行の中で、要介護・要支援高齢者は増加し続け、地域の介護ニーズは増え続けている。

　市町村は、介護保険事業の保険者として、介護サービスが必要な住民に必要なサービス費を給付する給付主体であると同時に保険料を徴収し保険財政を運営する財政主体でもある。

　市町村は、介護ニーズに応え介護保険施設整備など介護サービスを充実させて利用を増やすと全高齢者の第1号保険料が上昇するという「保険料と介護需要のジレンマ」に陥っていったのである。ただちに介護を必要とはしない「元気」な高齢者は自治会などさまざまな地域活動の担い手であり、選挙における投票率も高いことから市町村行政に与える影響は大きい。「元気」高齢者を中心とした第1号保険料への反発は、市町村の首長、議会の議員なども無視できない声となる。

　そして、介護保険は制度開始時から「福祉から保険へ」の合言葉の下、徹底した「保険主義」の立場で国による指導が行われてきた。最たるものは、介護保険財政への一般財源の法定外繰り入れを厳しく戒めてきたことである[6]。このため、市町村はたとえ一般財源に余裕があったとしても独自に保険料を抑制することができなくなってしまっている。こうして、市町村は給付主体と財政主体の二面性のうち、結局「保険料高騰を避ける方が大事」と介護給付抑制に前のめりになっていったのである。

2　給付適正化と市町村行政の変質

　厚生労働省は、2003年10月、自治体に対し「給付適正化運動」を呼びかけた。介護給付費増を1%程度抑制するのが目標とし、不正や不適切な請求がないか、事業者の保険給付を調査し、介護報酬支払額の大きな事業所や複数拠点を展開している事業所を優先的に調査する

よう指示した。象徴的な事件は 2006 年に発覚した当時の訪問介護（ホームヘルプサービス）最大手の「コムスン」不正摘発である[7]。さらに、2007 年 6 月には、「都道府県と保険者が一体となって戦略的な取組みを促進する観点」から、「介護給付適正化計画に関する指針」をつくり、各都道府県において、それぞれの考え方及び目標等を定めた「介護給付適正化計画」を策定し、2008 年度から適正化事業の全国的な展開を図った。さらに、2017 年の介護保険法改正により，市町村が「介護給付等に要する費用の適正化に関し，取り組むべき施策およびその目標を定める」とされたことから、各市町村でも介護保険事業計画と一体で給付適正化計画を定めるようになってきた。

　介護保険制度開始によって、居宅サービスには広く営利法人の参入がすすみ、事前規制はほとんどなされなくなった。市町村も制度開始当初は、要介護認定と保険給付だけに終始し介護サービスにはあまり関与しなかったため、一部に不正請求や利用者の囲い込み、押し売りサービスなどが横行した。このことは看過できないことであったが、一連の「給付適正化」はこうした事態をもたらしている介護保険制度の根本問題を放置したまま、単なる「締め付け」でことを進めようとするものであった。そして「適正化」は口実で「給付費抑制」を目的としたため多くの問題をひきおこすことになった。

①介護保険給付の仕組み

　介護保険は、サービスの「現物給付」でなく被保険者に介護サービスの「費用」を給付する。介護サービスに要した費用のうち 9 割（利用者の所得段階によっては 8 割、7 割）に相当する額を市町村が介護サービス提供事業者に対して介護報酬として支払うことで被保険者本人に対して保険給付が行われたものとみなす「代理受領」の仕組みが取られている（介護保険法第 41 条第 6 項、第 7 項）。居宅サービスの場合はケアマネジャー（介護支援専門員）がケアプランを作成することがその要件である（利用者本人がケアプランを自己作成し市町村に

届け出ることも可能である）。

　市町村は、サービス事業者から費用の請求があったときは、介護報酬と運営基準に照らして審査し支払いを行うことになっているが、市町村はこの審査・支払い事務を国民健康保険団体連合会に委託している（介護保険法第41条第9項、第10項等）。

　こうした仕組みにおいては、市町村は介護サービス利用の現場で果たす役割はほとんどなく、サービス受給権を付与する要介護認定という「入口」と審査・支払という「出口」に関与するだけである。

②給付適正化（給付抑制）の方法

　給付適正化事業では、①認定調査状況チェック（ケアマネジャー等に委託して行った要介護認定に係る調査内容をチェック）、②ケアプラン点検（事業所への訪問調査等により、ケアプラン内容の点検及び指導）、③住宅改修等の点検（住宅改修費申請時に、請求者宅の実態確認、工事見積書の点検等）、④医療情報との突合等（入院情報と介護保険の給付情報を突合し、給付日数や提供されたサービスの整合性を確認する）、⑤介護給付費通知（利用者または家族に対して、サービスの請求状況及び費用等について通知）の5つを市町村が行うべき事業とされた。介護給付費を抑制しようとすれば、「入口」「過程」「出口」にそれぞれ市町村が関与することが必要になってくる。①の認定調査状況チェックと③住宅改修等の点検は「入口」の引き締め、②のケアプラン点検は「サービス提供過程」の要であるケアマネジャーへの締め付け、④⑤は給付した後の「出口」対策である。

③行き過ぎたローカルルールの横行

　少なくない市町村は「事業者調査指導」、「ケアプラン点検」等を通じて、介護保険サービスの利用を抑制するようになった。とくにやり玉にあがったのはホームヘルプサービス（訪問介護）であった。サービス内容を点検し「ヘルパーの通院介助では、病院内の付き添い介助は一切認めない」とか、「たとえ深夜しか帰宅しない息子でも同居家族

がいれば生活援助は一切認めない」など、法令に定める基準を超えて市町村が勝手に線引きをしてサービスを利用させない「ローカルルール」がまん延した。また「散歩の付添い」はほとんどのところでできなくなった。あまりにもひどい「行き過ぎ」には、厚労省でさえ2007〜09年に「一律禁止は不適切」という通知（事務連絡）を出してたしなめざるをえなかったほどである[8]。

3　市町村行政の変質をもたらした要因

　住民にもっとも身近で要介護者や家族の実態がわかるはずの市町村が、「保険財政」の視点で、アラ探しをしてケアマネジャーを締め付け、介護サービス事業者に「介護報酬返還」を迫るようになっていったのである。こうした市町村行政の変質には3つの要因がある。

　第1は、介護保険制度による「現場力」の喪失によるものである。市町村担当課の多くは、高齢者支援や介護サービスに直接かかわることがなくなり、相談援助や連携・調整の機能が著しく低下した。地域の高齢者の実態や介護現場を十分把握しないまま、「給付の適正化」という名の締め付けに走る結果となったのである。

　第2に、市町村の職員体制の後退である。この間各自治体ですすめられてきた「行政改革」よる職員削減とパート・嘱託職員・アルバイト職員の大量導入、業務の外部委託などによって、経験が蓄積できず、専門性が失われていった。その結果、住民生活の実態を把握し、「課題」を整理し、めざすべき方策を考えるという自治体としての行政能力自体が弱まっている。

　第3は、介護保険の構造的問題から来る「制約」である。介護サービスが充実し保険給付が増大すれば、全高齢者の第1号保険料の上昇をもたらすという「給付と負担」のダイレクトな連動は、市町村の高齢者行政を著しく歪め、第1号保険料の水準ばかりを気にする自治体首長もいるほどで、そのような下では介護保険担当課は、給付を削ることばかりに熱心になり、膨大な数の特別養護老人ホーム待機者など

地域の要介護者・家族の苦しみと正面から向き合おうとしなくなっていったのである。

4　予防重視・地域支援事業と市町村

2005年の介護保険法改正により2006年度から実施された制度改定では「予防重視型システムへの転換」と称して、要支援認定者を対象に「新予防給付」を創設し、「状態の維持改善を目指す」とし、ケアマネジメントをケアマネジャーから分離し、市町村が設置または委託する「地域包括支援センター」に管理させる仕組みを作った。増大する軽度認定者のサービスの伸びを抑え込もうとするものであった。介護予防事業を中心とする「地域支援事業」が作られ、市町村は住民に対する「介護予防」に力を入れ、要介護高齢者の発生を抑えることも役割の一つとされた。

この改定は、要支援者のサービス利用にさまざまな制約を持ち込むことによって、部分的・一時的に給付増を抑制する「効果」はあった。しかし、介護予防事業は、当初厚生労働省が目論んだような成果は上げられず、要介護認定者、介護保険利用者は増加していった。

5　「総合事業」による軽度者の給付削減

①要支援1、2のホームヘルプ・デイサービスの保険給付外し

2014年介護保険制度改定（「地域における医療及び介護の総合的な確保を推進するための関係法律の整備等に関する法律」による介護保険法改定）で、「介護予防・日常生活支援総合事業」（以下「総合事業」）が制度化され2015～17年度に全市町村で実施された。

総合事業では、要支援1、2の訪問介護（ホームヘルプサービス）と通所介護（デイサービス）を介護保険給付（予防給付）から外して、地域支援事業へと移し替えた。地域支援事業は介護保険財政の一部を使って行われるが保険給付ではなく、被保険者との間では保険上の「保険者の給付義務」「被保険者の受給権」がない事業である。これによって要支援者のホームヘルプサービスとデイサービスについては、市

町村は介護保険上の「義務」がなくなり、その裁量で実施できるようになった。それまで国が定めた全国一律の基準と単価のサービスから市町村が決められるサービスへと「分権化」されたのである。そして、厚生労働省は「介護予防・日常生活支援総合事業のガイドライン[9]（以下「ガイドライン」）で、「多様なサービスの創出」として、無資格者による低価格サービス（基準緩和型サービスA）、住民ボランティアによるサービス（住民主体型サービスB）、短期集中サービス（サービスC）などを市町村が作り出し、それに移行することを迫った。さらに総合事業の事業費について「上限設定」を行い、財政的にも「安上がり化」を市町村に迫る仕組みとした[10]。

②総合事業の狙い＝「介護予防・生活支援」の互助化

　この総合事業に狙いは、介護保険の給付対象から「軽度者」（要支援1、2）を排除していくために仕組みと受け皿づくりであった。総合事業のガイドラインでは、要支援者の生活支援ニーズについて、介護保険のホームヘルプ・デイサービスから、総合事業に移行し、「要支援者自身の能力を最大限生かしつつ」「住民等が参画する多様なサービスを提供可能な仕組みに見直す」とした。要支援者に「自助努力」を求め、これまで介護保険給付で行ってきた生活支援サービスを住民の「互助」に置き換えていこうという意図である。

　政府は、要支援1、2の利用者の中心的なサービスである訪問介護・通所介護を総合事業へ移行させ、市町村を競わせるようにして、「多様なサービス」とくに「住民主体サービス」へ置き換えていき、将来の介護保険制度改定では、総合事業の対象を要介護1、2まで広げ、介護保険給付サービスの多くを保険給付から除外していこうとしているのである。市町村はそのために手足として位置づけられた。

③総合事業の現状＝その1　市町村の実施状況

　一部の「突出」した自治体では、要支援1、2のホームヘルプ・デイサービスを総合事業に移行と同時に、従前相当サービスの利用者をほ

とんどなくして、住民主体サービスに移し替えてしまうところや短期集中サービスによる「卒業」と称してサービスから排除してしまうところも現れた[11]。

　しかし、全体としては、政府の狙ったような「移行」はどうであろうか。2019年度に厚生労働省補助事業（令和元年度老人保健健康増進等事業、株式会社NTTデータ経営研究所）で行われた調査[12]によると、2019年6月時点で「従前相当サービス」を実施している市町村は、訪問型で1619市町村（94.2％）、通所型で1618市町村（94.1％）で、大多数の市町村は従来のサービスを存続させている。一方、「多様なサービス」では、サービスA（基準緩和型）を実施している市町村は、訪問型で860市町村（50.0％）、通所型で923市町村（53.7％）で半数程度にとどまる。サービスB（住民主体型）実施市町村は訪問型266市町村（15.5％）、通所型243市町村（14.1％）と1割台にすぎない。

④総合事業の現状＝その2　利用者数の推移

　次に利用者数の推移をみてみる（表5-5）。訪問型サービスでは、「従前相当サービス」は、11万5539人（2017年度）から10万7020人（2019年度）へと8519人（7.4％減少）している。サービスA（基準緩和型）は7472人から22039人へと1万4569人（195.0％）増えている。サービスB（住民主体型）は751人から1109人へと358人（45.7％）の増である。ただし、2017年度は多くの市町村で一年間かけて予防給付から総合事業へ移行したことから、従前相当サービス以外のサービス利用者は少なかったと考えられる。それでも従前相当サービスの利用者が8519人減少し、サービスA（基準緩和型）が1万4567人増加していることから、従前相当サービスから緩基準和型への移行が進みつつある。なお、サービスB（住民主体型）は増加はしているが、全国で1109人にとどまっている。総合事業がめざした「生活支援サービスを住民の『互助』に置き換えていく」という目論見は今のところ

表5−5　訪問型サービス利用者数の推移

（単位：人）

	従前相当	サービスA	サービスB	合計
2017 年度	115,539	7,472	751	123,762
2018 年度	112,091	21,027	948	134,066
2019 年度	107,020	22,039	1,109	130,168
増減（2017〜19 年度）	−8,519	14,567	358	6,406
増減率	−7.4%	195.0%	47.7%	5.2%

注：2017 年度の「従前型」は予防給付含む。
出典：厚生労働省「介護予防・日常生活支援総合事業及び生活支援体制整備事業の実施状況（令和元年度）」から筆者作成。

表5−6　通所型サービス利用者数の推移

（単位：人）

	従前相当	サービスA	サービスB	合計
2017 年度	167,852	13,271	1,603	182,726
2018 年度	183,435	25,204	2,333	210,972
2019 年度	182,387	26,313	3,086	211,786
増減（2017〜19 年度）	14,535	13,042	1,483	29,060
増減率	8.7%	98.3%	92.5%	15.9%

注：2017 年度の「従前型」は予防給付含む。
出典：厚生労働省「介護予防・日常生活支援総合事業及び生活支援体制整備事業の実施状況（令和元年度）」から筆者作成。

めどは立っていないと言える。

　通所型サービスの利用者数については（表5−6）、従前相当サービスは 16 万 7862 人から 18 万 2387 人へと 1 万 4535 人（8.7%）増えた。サービスA（基準緩和型）は、1 万 3271 人から 2 万 6313 人で 1 万 3042 人（98.3%）増、サービスB（住民主体型）は 1603 人から 3086 人と 1483 人（92.5%）増である。こちらも基準緩和型への移行は進んではいるが、住民主体型は全国で 3086 人にとどまっており、住民の「互助」への置き換えは訪問型と同様に進んでいない。

⑥要介護者への拡大への突破口と総合事業のゆくえ

　国は、2020 年介護保険制度改正では、当初狙っていた「要介護1、2 のサービスの総合事業移行」については、こうした市町村の事情や関

係者の反対の声の前に見送らざるを得なかった。しかし、制度見直しにあたっての審議会意見に、要支援者1、2の人が要介護認定で要介護1以上になった場合の「サービスの継続性」「本人の希望する地域とのつながり維持」などを口実に「弾力化」の意見が盛り込まれた[13]。厚生労働省は、2020年10月に省令（介護保険施行規則）を改定して、市町村が認めた場合には、要介護者であっても総合事業（生活支援サービス事業）の対象にできるようにした。要介護者のサービスの保険給付外し・総合事業移行への「風穴」が空いたことになる[14]。

　今後、総合事業を「軽度者」（要支援1.2、要介護1.2の人）の保険給付外しのテコとして位置づけ、その対象を拡大しようとする政策の下で、市町村の姿勢が問われている。

3　「保険者機能強化」の狙いと問題点

1）「保険者機能強化」とは

　2017年の介護保険法改定（地域包括ケアシステムシステム強化法）では、「市町村の保険者機能の抜本的強化」を打ち出した（**図5-2**）。

　「保険者機能の抜本強化」とは、それまで個別のケアマネジメントや利用者支援はケアマネジャーに委ね、基盤整備や需給調整を中心におこなってきた市町村に対し、「自立支援・重度化防止」の目標をもって、個別のケアマネジメントにも関与し、「自立支援型介護」へと転換していく役割を果たさせようとするものであった。

　2017年法改定時の政府の改定法説明資料[15]には、要介護認定率が下がった自治体（埼玉県和光市、大分県）を「先進的取り組み」と評価している。この「先進的取り組み」を全自治体に広げ、「自立支援・重度化防止」目標を計画に定め、その実績を評価し国に報告することを義務付け、自治体には国の評価指標に応じて「財政的インセンティブ」として新たに交付金を与える仕組みをつくりあげた。

○高齢化が進展する中で、地域包括ケアシステムを推進するとともに、制度の持続可能性を維持するためには、保険者が地域の課題を分析して、高齢者がその有する能力に応じた自立した生活を送っていただくための取組を進めることが必要。

○全市町村が保険者機能を発揮して、自立支援・重度化防止に取り組むよう、
　①データに基づく課題分析と対応（取組内容・目標の介護保険事業（支援）計画への記載）
　②適切な指標による実績評価
　③インセンティブの付与
　を法律により制度化。

※主な法律事項
・介護保険事業（支援）計画の策定に当たり、国から提供されたデータの分析の実施
・介護保険事業（支援）計画に介護予防・重度化防止等の取組内容及び目標を記載
・都道府県による市町村支援の規定の整備
・介護保険事業（支援）計画に位置付けられた目標の達成状況についての公表及び報告
・財政的インセンティブの付与の規定の整備

先進的な取組を行っている和光市、大分県では
●認定率の低下
●保険料の上昇抑制

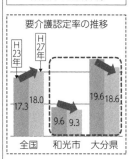

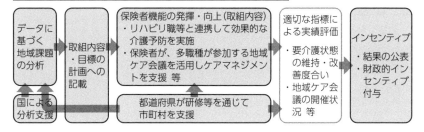

図5-2　保険者機能の強化等による自立支援・重度化防止に向けた取組の推進

出典：厚生労働省老健局「地域包括ケアシステムの強化のための介護保険法等の一部を改正する法律案のポイント」。

2) ケアマネジメントを市町村が支配・統制

　市町村が行う「自立支援・重度化防止」の取り組みの中心は、ケアマネジメントを「自立支援型」にするための介入である。厚生労働省は、「高齢者の自立支援、重度化防止等の取組を支援するための交付金に関する評価指標」（以下「評価指標」）を定めている。評価指標には、市町村にケアマネジメントに積極的に関与するように求め、①ケアマネジメントに関する基本方針作成とケアマネジャーへの周知、②「地域

ケア会議において多職種と連携して、自立支援・重度化防止等に資する観点から個別事例の検討を行い、対応策を講じることをあげ、その実施率や検討件数の割合などで評価するとしている。

2018年度から居宅介護支援事業者の指定・指導監督権限が市町村に移譲されたこともあり、市町村がケアマネジャーの個別ケアマネジメントに全面的に加入し、「自立支援型」へと変えていくことを推進しようとしている。2018年10月からケアマネジャーに義務つけられた「一定回数を超える訪問介護（生活援助中心型）を位置付けたケアプランの市町村への提出義務」と市町村による検証はその一環である。こうした仕組みを通じて市町村が、ケアマネジャーを管理統制し、ケアマネジメントを支配していくことが推進されようとしている。

3) 要介護度の「変化率」を評価

評価指標は、アウトカム（結果）指標として、一定期間における、要介護認定者の「要介護認定等基準時間」の変化率と、「要介護認定」の変化率を上げた。基準時間は認定調査員の訪問調査によって得られる基本調査のコンピュータ判定（一次判定）結果であり、要介護認定は認定審査会の二次判定を経て確定した要介護度のことである。「介護予防」ではなく、要介護認定者の「維持改善」は、自治体単位で経過的に評価分析するなどという取り組みは本格的に行われておらずエビデンスは未確立である。にもかかわらず、その「変化率」を市町村評価の指標にするなどということはあまりにも無謀である。

これまでも要介護認定の「適正化」や「平準化」として、状態が変化していないのに軽く認定される等の声が多くの現場で聞かれる。「どのようにすれば要介護者の介護度が維持改善するか」という実証もなしにこのような指標を持ち込めば、要介護認定（訪問調査、認定審査会）に対する意図的な締め付けによる軽度認定化に結び付く危険性すらある。

4)　交付金の拡大と成果主義強化へ

　保険者機能強化推進交付金は 2018 年、19 年度は総額 200 億円（うち市町村分 190 億円）を評価指標に基づく得点（成績）に応じて自治体に配分するものであったが、2020 年度からは一挙に倍化（保険者機能強化推進交付金 200 億円＋保険者努力支援交付金 200 億円＝400 億円）させて、その配分のための評価指標もいっそう「成果」を求める内容とした。政府の全世代型社会保障検討会議中間報告でも「先進自治体の介護予防モデルの横展開を進めるために……インセンティブ交付金の抜本的な強化を図る」とその狙いを明確にしている。

　超高齢になっても身辺が自立し、たとえ要介護状態になってもリハビリテーションなどで状態が改善することは誰もが願うことである。しかし、加齢による衰えは自然の摂理である。それを無視し、介護費用の抑制＝給付の削減のために「自立支援・重度化防止」や自助（自己責任）による「介護予防」の推進は、こうした財政的インセンティブを通じて市町村の介護保険事業をさらに歪めていくことになる。

5)　新たな「保険者機能」
　― 地域マネジメント（自立支援と自助・互助の地域づくり）

　厚生労働省は、2020 年度改定のなかでは、新たな保険者機能として「地域保険としての地域のつながり機能・マネジメント機能の強化」[16]をうちだした。市町村に「住民による通いの場」などの地域住民中心の支え合い・助け合いによる介護予防や生活支援を作り出す「プラットホーム機能」を強調するものである。

　高齢者から高額な第 1 号保険料を強制的に徴収しながら、一方で「自立」と「介護予防」を自助（自己責任）で押し付け、さらに公的なサービスで解決すべき生活ニーズをことごとく住民間の助け合い・支え合いに委ね、こうした誘導を仕掛けることを「地域保険としてのマネジメント機能」というのである。高齢者福祉に関する公的責任を措置

制度解体で放棄した上に、介護保険の保険者としての義務（被保険者の受給権を守り責任を持って保険給付を提供する）も縮小・後退させようとしている。

おわりに
―― 地域の介護保障要求、生活支援要求運動と市町村変革への課題

　介護保険制度開始時には、「地方分権の試金石」として、市町村に「サービス充実」を競うことを求めた政府は、今や、「制度縮小、自助・互助化」を競わせようとしている。

　こうしたなかで各市町村は、国の求めるような「保険者機能の発揮」の道に向かうのか、住民の老後に責任を持つ自治体行政の機能を取り戻すのかが問われている。各地域での対自治体への取り組みが極めて重要である。

　今後、高齢化の進展により地域では介護ニーズと深刻化する生活困難からくる生活支援ニーズが増加していくことになる。こうした中でそのニーズに応えるべき市町村が、自助努力（介護予防・重度化防止）と互助（地域住民の助け合い）に傾倒していく政策誘導がされている。

　自治体の変革は政府に対する政策転換を求める運動とともにますます重要になっている。

　住民運動は、これまで以上に市町村に対する継続的な働きかけ（要求・提言の提出や交渉など）を行う必要がある。とくに、介護保険料を払っているだけの一般高齢者への働きかけと、介護サービス事業者やケアマネジャーなど関係者の共同を組織していくことが重要である。

　市町村に向けた運動を取り組むにあたっては、第1に、貧困、孤立化など高齢者の地域での実態を把握する活動を通じて、行政が果たすべき役割を明らかにしていくことである。冒頭に触れた市町村の「措置義務」は、老人福祉法上は厳然と残っており、とくに経済的・社会

的な事情等により在宅生活が困難な高齢者には養護老人ホームへの入所措置など介護保険以外にも果たすべき責任がある。

　第2は、この間の介護保険改定で幾重にも仕組まれてきた、市町村を介護給付抑制に駆り立てる政策に対して、市町村当局に追随させないことが重要である。そのためには、困難な要介護高齢者・家族の実態と疲弊する介護現場の実態を明らかにし、市町村に「解決責任」を迫っていく共同の取り組みが必要である。

　第3に、そうした取り組みをする場合に、「介護保険制度の枠内」での「負担と給付」の連動だとか、「介護保険事業会計に中での対応」に抑え込まれないことである。第1号保険料の負担が限界であれば一般財源を投入してでも対応させる[17]。こうした構えでの運動が求められている。

　「安心できる老後」をめざして各地域での運動を競い合う時である。

注

1　老人福祉法では、65歳以上の者等に対する在宅サービスの提供及び施設入所等について「福祉の措置の実施者」として市町村の義務を規定している。また、「老人の福祉に関し、必要な実情の把握に努めること」、「必要な情報の提供を行い、並びに相談に応じ、必要な調査及び指導を行い、並びにこれらに付随する業務を行うこと」を義務としている（老人福祉法第5条の4）。

2　社会保険研究所（2018年）「介護保険の実務　保険料と介護保険財政　平成30年8月版」pp.43-44。

3　調整交付金は、市町村格差における介護保険財政の不均衡を是正するために交付される。具体的には、①各市町村における第1号被保険者の総数に対する75歳以上高齢者の割合、②各市町村における各所得段階別の第1号被保険者の分布状況によって調整し交付される（介護保険の国庫負担金の算定等に関する政令第1条の2第1項、第2項）。なお、2018年度から年齢区分を見直し、75歳以上の区分を75歳〜84歳と85歳以上に区分に分けた。また、2021年度からの見直しでは、後期高齢者割合の重み付け変更（介護認定率から介護給付費に変更）により交付金額が増加する市町村に対し、「個々の保険者に一定の取組を

求める」ことになった。これは調整交付金の「性格変更」につながり、財務省の狙う「調整交付金の保険者機能強化インセンティブ活用」の"手始め"となる危険性がある。

4　厚生労働省老健局説明資料。2020年3月16日社会保障審議会介護給付費分科会。

5　「介護保険制度の見直しに関する意見」（平成22年11月30日社会保障審議会介護保険部会）は、「現在65歳以上の第1号保険料は一人当たり平均月4160円であるが、これは保険料上昇を抑制するための特例交付金や市町村準備基金の取崩によって約400円程度抑制された結果であり、さらに介護職員処遇改善交付金や16万床の緊急基盤整備の効果、高齢化に伴う給付費の増加を踏まえると、平成24年度には全国平均で5000円を超えることが見込まれている。サービスの提供に伴う必要な負担については被保険者に求めざるを得ないとしても、保険料は月5000円が限界との意見もあり、次期介護保険事業計画が始まる平成24年度において、第1号保険料の伸びをできる限り抑制するよう配慮することも必要である」とした。

6　市町村が介護保険料軽減のために一般財源投入を行うことについて厚生労働省は「適切でない」としてきた。例えば、2015年1月16日の厚生労働省老健局介護保険計画課事務連絡では、「保険料の減免（いわゆる単独減免）についても、被保険者間の公平性の確保や、健全な介護保険財政の運営と財政規律の保持の観点から、従前からお示ししてきているとおり、①保険料の全額免除、②収入のみに着目した一律減免、③保険料減免分に対する一般財源の投入、については適当ではないため、引き続きこのいわゆる3原則の遵守に関し、各保険者において適切に対応していただきたい」としている。しかし、介護保険法令上は、法定分を超える一般財源からの繰り入れを禁じる規定や、制裁措置はいっさいない。政府・厚生労働省は、「制度の趣旨から適当でないので謹んでいただきたい」というレベルの助言を行っているにすぎない。

7　「コムスン事件」とは、全国に介護事業を展開する株式会社コムスンが、訪問介護事業所を開設する際、実態のないヘルパーの名前を届け出るなど虚偽申請をした事件。同社はこれらの事業所が行政から指定を取り消される前に、廃止届けを出し、責任逃れをしようとした。介護報酬の不正請求も発覚。厚労省は6月、同社の新規事業の開設や事業更新を認めないと決定、2081カ所の事業所のうち1655カ所が事実上閉鎖に。同社は介護事業から撤退した。

8　大阪社会保障推進協議会・よりよい介護をめざすケアマネジャーの会編『こ

こまでできる！ ホームヘルプサービス"利用者の望む暮らし"を実現するために』2011年日本機関紙出版センター、第3章参照。厚生労働省の通知（事務連絡）は、平成21年7月24日付け老健局振興課「適切な訪問介護サービス等の提供について」平成21年12月25日付け老振発1224第1号「同居家族がいる場合における訪問介護サービス等の生活援助の取り扱いについて」などである。

9　厚生労働省老健局長通知（平成27年6月5日老発0605第5号）別紙「介護予防・日常生活支援総合事業のガイドライン」。

10　伊藤周平・日下部雅喜『新版 改定介護保険法と自治体の役割』自治体研究社、2016年、pp.45-46、pp.83-85。

11　大東社会保障推進協議会・大阪社会保障推進協議会『介護保険『卒業』がもたらす悲劇─あなたのまちが大東市と同じ失敗をしないために─』日本機関紙出版センター、2018年、pp.16-36、pp.69-75参照。

12　厚生労働省「介護予防・日常生活支援総合事業及び生活支援体制整備事業の実施状況（令和元年度）。」

13　社会保障審議会介護保険部会で取りまとめられた「介護保険制度の見直しに関する意見」（2019年12月27日）には「現在、総合事業の対象者が要支援者等に限定されており、要介護認定を受けると、それまで受けていた総合事業のサービスの利用が継続できなくなる点について、本人の希望を踏まえて地域とのつながりを継続することを可能とする観点から、介護保険の給付が受けられることを前提としつつ、弾力化を行うことが重要」と記載された。

14　2020年10月22日、介護保険法施行規則第140条の62の4を改定し、第1号事業の対象者に、「要介護認定による介護給付に係るサービスを受ける前から市町村の補助により実施される第1号事業のサービスを継続的に利用する居宅要介護被保険者」を追加した。なお、この改定では「市町村が必要と認める者に限る」とされており、対象者とするかどうかは市町村判断に委ねられている。この改定の施行日は2021年4月1日である。

15　厚生労働省老健局「地域包括ケアシステムの強化のための介護保険法等の一部を改正する法律案のポイント」https://www.mhlw.go.jp/topics/bukyoku/soumu/houritu/dl/193-06.pdf、最終閲覧日2020年10月9日。

16　「介護保険制度の見直しに関する意見」（2019年12月27日）「保険者機能の強化（地域保険としての地域のつながり機能・マネジメント機能の強化）」。

17　厚生労働省は、一般財源投入による保険料軽減を否定してきたため、実際の一

般会計からの繰り入れの実態について集計・公表を行っていない。しかし、会計検査院が 2016 年 3 月 25 日に国会に報告した「介護保険制度の実施状況に関する会計検査の結果について」には、少なくない市町村が保険料軽減のために一般会計からの繰り入れを行っている事例が紹介されている。同報告によれば、会計検査院が調査した 183 保険者のうち、一般会計から法定負担割合を超えて介護保険事業特別会計に繰入れを行っていた保険者が、第 4 期では 5 保険者（繰入額計 4 億 7579 万余円）、第 5 期では 10 保険者（同計 10 億 3189 万余円）、計 11 保険者（同合計 15 億 0768 万余円）見受けられたとしている。

参考文献

日下部雅喜、介護保険料に怒る一揆の会『介護保険は詐欺である』三一書房、2014 年。

日下部雅喜・伊藤周平『新版　改定介護保険法と自治体の役割―新総合事業と地域包括ケアシステムへの課題―』自治体研究社、2016 年。

日下部雅喜『「介護保険は詐欺だ！」と告発した公務員―木っ端役人の『仕事』と『たたかい―』日本機関紙出版センター、2016 年。

大阪社会保障推進協議会・よりよい介護をめざすケアマネジャーの会編『ここまでできる！　ホームヘルプサービス―"利用者の望む暮らし"を実現するために（介護保険活用ブックレット）』日本機関紙出版センター、2010 年。

日下部雅喜・大阪社会保障推進協議会『2015「改正」介護保険要支援外し新総合事業に立ち向かう』日本機関紙出版センター、2014 年。

日下部雅喜『どうなる介護保険・総合事業』日本機関紙出版センター、2016 年。

大東社会保障推進協議会・社会保障推進協議会編『介護保険「卒業」がもたらす悲劇―あなたのまちが大東市と同じ失敗をしないために―』日本機関紙出版センター、2018 年。

Ⅱ部

海外の介護保険に学ぶ

第6章

ドイツの介護保険改革

森　周子

はじめに

　ドイツは、介護保険発祥の地である。20年にもわたる徹底的な議論を経て、1994年5月に世界初の介護保険法である「社会的介護保険法」が成立し、1995年1月から保険料が徴収され、同年4月から在宅介護給付、1996年7月から施設介護給付が開始された。

　本章では、ドイツの介護保険の概要と現状を記した後、制度発足以来の改革の展開、および、現在着手されている改革について論じ、日本への示唆も探る。ドイツでは、オルド自由主義（オルドは秩序を意味する。経済における望ましい秩序の実現を志向する）という経済思想に基づく「社会的市場経済」という概念を、経済政策・社会政策の理念かつ基本原則として歴代政権が戦後一貫して標榜している。そこでは、望ましい経済秩序（完全競争市場）の形成と維持が理想とされ、経済的効率性（完全競争市場の実現）と社会的公正（経済的効率性では解決できない社会問題に対応する施策。社会政策・社会保障・社会福祉をさす）の両立が重視される。社会的公正の実施にあたっては、経済的効率性を極力損なわないことが望ましいとされ、市場整合性（市場メカニズムを妨げない）と補完性（下位の運営主体がなしうること

について上位の運営主体は関与しない。たとえば州の管轄業務に連邦は関与しない）という2原則が重視される［森、2007、pp.75-77］。このような社会的市場経済の内容が、介護保障においてどのように現れているかについても考察する。

1　介護保険の概要

　介護保険の根拠法は「社会的介護保険法（以下、SGB XI とする[1]）」である。そこには、自己決定の原則（可能な限り要介護者が自立し自己決定に基づく生活を送れるよう援助する）（2条）、在宅介護優先の原則（3条）、基礎的保障の原則（介護保険は要介護者が必要とする介護のすべてを保障するのではなく、要介護者を支援する基礎的な保障を行う）（4条）、予防および医学的リハビリテーション優先の原則（5条）が規定されている［松本、2007、p.1-2］。

　介護保険の保険者は、医療保険の保険者である「疾病金庫」に設けられた「介護金庫」であり、医療保険加入者はすべて介護保険の被保険者となる（2019年末時点の被保険者数は7305万人）[2]。財源は保険料のみであり、国庫負担はない。2020年時点の保険料率は3.05％（労使折半で各々1.525％。ただし、子を持たない23歳以上65歳未満の被保険者については、被保険者負担分のみ0.25％ポイント上乗せされる）であり、介護サービス給付の利用にあたっての自己負担はない（ただし、施設介護の場合は宿泊費と食費が自己負担となる）。

　ドイツでは、身体的、知的または精神的な疾病または障害のために、毎日の生活の中で日常的かつ規則的に繰り返し行われる行為について、長期的に、少なくとも6カ月以上の見込みで、著しくまたは高度に支援を必要とする者が要介護状態にあるとされる（SGB XI 14条1項）。要介護度は、2016年までは介護に必要な時間を基準として3段階（介護等級Ⅰ～Ⅲ）に区分されていた。だが、2017年以降は、要介護者の

自立性を基準として5段階（要介護度1〜5）に区分され、それぞれに給付（限度）額が定められている（**表6-1**）。

　要介護度は、要介護者の自立性を測定するための6つの「モジュール」（基本単位）の合計点数（総合点数）をもとに決定される。モジュール1（移動性）は身体の移動が可能かを表す。モジュール2（認知・コミュニケーション能力）は理解と会話が可能かを表す。モジュール3（行動様式と精神的問題状況）は、周囲への迷惑行動、介護の拒否などの有無を表す。モジュール4（自立性）は身の回りのことができるかを表す。モジュール5（疾患または療養に応じた対応）は薬を飲んだり医者を探したりできるかを表す。モジュール6（日常生活と社会的交流の形成）は、日常生活のスケジュールを立てたり、友人を訪問したりできるかを表す［BARMER, 2019, pp.7-14；森、2019、p.326］。

　モジュールの点数化に際しては、各モジュールが要介護度算定時に占める比重が反映され、モジュール1は10％（10点満点）、同2と3は15％（15点満点。いずれか点数の高いほうのみを算入）、同4は40％（40点満点）、同5は20％（20点満点）、同6は15％（15点満点）、計100％（100点満点）で要介護度が算定される（**表6-2、表6-3**）。概ね、ドイツの要介護度2は日本の要介護4に相当する[3]。

　要介護認定は、医療・介護関連の助言・評価サービスを行う第三者機関である「メディカルサービス」（以下、MDKとする）の審査・評価にもとづき、介護金庫が行う。

　介護金庫の州連合会と、当該州に所在する在宅介護と施設介護の供給主体とは、介護サービスの内容および対価などに関する枠組契約を定める（SGB XI 75条）。そして、この枠組契約に基づいて個々のサービス供給主体が給付を提供し、介護金庫が報酬を支払う。在宅介護の場合は給付複合体と呼ばれる給付の種類ごとに報酬点数が定められている。また、給付の種類ごとではなく時間単位での介護サービス給付

表6-1　要介護度別給付（限度）額

（単位：ユーロ、1ユーロ＝2020

	要介護度1	要介護度2	要介護度3
介護サービス給付（限度額）（月額）	—	689	1,298
介護手当（月額）	—	316	545
代替介護*1（年間6週間まで）（限度額）　近親者による	—	474	817.5
代替介護*1（年間6週間まで）（限度額）　その他の者による			1,612
ショートステイ（年間4週間まで）（限度額）			1,612
デイケア・ナイトケア（限度額）（月額）	—	689	1,298
在宅介護の際の負担軽減額*2（月額）（限度額）			125
居住共同体に居住する要介護者に対する追加給付（月額）			214
完全施設介護（月額）	125	770	1,262
障害者の完全入所施設	—		施設の料金の10%
介護補助具*3（月額）（限度額）			40
住環境改善措置（限度額）			4,000（複数人が居住する

*1：家族介護者が休暇や病気等で介護に支障が生じた場合、代わりの者が介護を行うための費用
*2：在宅介護サービスを限度額まで利用していない場合に、毎月の給付額の40％までの金額が給
*3：消耗品の場合に限度額まで償還される。技術的な補助具（車いす、昇降機など）は、当該費
　　25ユーロまで）を要介護者が自己負担する。

出典：BMG: Leistungsansprüche der Versicherten im Jahr 2018 an die Pflegeversicherung in
　　//www.bundesgesundheitsministerium.de/fileadmin/Dateien/3_Downloads/Statistiken/Pf
　　gen/Leistungsbetraege_2018.pdf、最終閲覧2020年9月4日）

表6-2　6つのモジュールの各点数の算定方法

（単位：点）

モジュール名	なし	少し	かなり	重度	最重度
モジュール1：移動性	0	2.5	5	7.5	10
モジュール2：認知・コミュニケーション能力	0	3.75	7.5	11.25	15
モジュール3：行動様式と精神的問題状況	0	3.75	7.5	11.25	15
モジュール4：自立性	0	10	20	30	40
モジュール5：疾患または療養に応じた対応	0	5	10	15	20
モジュール6：日常生活と社会的交流の形成	0	3.75	7.5	11.25	15

注：モジュール2と3については、点数の高いほうのみが算入される。
出典：BARMER: Vom Pflegewert zum Pflegegrad. Die Bewertungssystematik der
　　Pflegebegutachtung, BARMER, 2019, pp. 4-14より著者作成。

年9月時点で約125円)

要介護度4	要介護度5
1,612	1,995
728	901
1,092	1,352

| 1,612 | 1,995 |

| 1,775 | 2,005 |

（上限は月額266）

場合は16,000)

を負担する給付。
付される（SGB XI 45b 条）。
用の10%（1補助具当り

Überblick, 2018a.（https:
legeversicherung/Leistun

も受けることも可能であり、その場合の報酬額も定められている。給付複合体、報酬点数、報酬額の設定は、州ごとに異なる。例として、バイエルン州の2020年3月以降の給付複合体と報酬点数の例（朝・夕の身支度の場合）は表6-4のとおりであり、報酬額は、身体介護の場合で1時間当り46.56ユーロ（最初の5分間は3.88ユーロ上乗せ）である。また、施設介護の介護報酬は施設運営者と介護金庫側との間で決定され（同85条）、2017年12月時点の施設入所者1人当りの平均的な介護報酬日額は表6-5のとおりである。

　社会福祉サービスでは、既述の補完性原則ゆえに民間が行政に優先し、中でも「民間福祉6団体」[4]と総称される民間非営利団体がサービス供給の中心的な役割を担っている。実際に、2017年末時点で全国に1万4100か所存在する在宅介護サービス事業所のうち、66%が民営、33%が民間非営利団体の運営であり、公営は1

表6-3　要介護度の説明と総合点数

（単位：点）

要介護度	説明	総合点数
要介護度1	自立性または能力の障害が少ない。	12.5～27 未満
要介護度2	自立性または能力の障害が著しい。	27～47.5 未満
要介護度3	自立性または能力の障害が重度。	47.5～70 未満
要介護度4	自立性または能力の障害が最重度。	70～90 未満
要介護度5	自立性または能力の障害が最重度であり、介護に際して特別な要求を伴う。	90 以上

出典：Lötzerich, Uwe: Pflegegrade, 2019b.（https://www.pflege.de/pflegekasse-pflegerecht/pflegegrade/、最終閲覧2020年9月5日）より著者作成。

表6-4　給付複合体と報酬点数（バイエルン州の例、2020 年 3 月 1 日より適用）

（単位：点）

給付複合体 100-107　朝／夕の身支度		
内容 1（給付複合体 101）	ベッドに行く／ベッドから離れる際の援助、身体補助具の着脱の際の援助	50
内容 2（給付複合体 102）	衣服の着脱の際の援助	50
内容 3（給付複合体 103）	部分洗浄	100
内容 4（給付複合体 104）	口内ケアまたは入れ歯のケア	50
内容 5（給付複合体 105）	髭剃り	50
内容 6（給付複合体 106）	髪の毛を梳く（髪のセットも含む）	50
内容 7（給付複合体 107）	皮膚のケア（部分または全身の皮膚への薬剤の塗布も含む）	50
複合報酬 （給付複合体 100）	最低でも 4 つの給付内容が提供される限りにおいて算定されうる。4 つよりも少ない給付内容を提供する際は、各給付について 50 点、部分洗浄については 100 点と算定される。	350

注：1 点は 0.0554 ユーロ（1 ユーロ＝125 円換算で約 6.925 円）。

出典：AOK: Vertrag gemäß §89 SGB XI vom 27.01.2020 für Mitgliedsdienste des Arbeitskreises privater Pflegevereinigungen in Bayern. Anlage 1: Leistungskomplexe für ab 01.03.2020 erbrachte Leistungen, 2020.

表6-5　施設入所者 1 人当りの平均的な介護報酬日額（2017 年 12 月 15 日時点）

（単位：ユーロ）

	完全入所介護		部分入所介護	
	施設介護	ショートステイ	デイサービス	ナイトサービス
要介護度 1	36.41	49.39	35.82	35.44
要介護度 2	46.11	57.37	41.72	39.79
要介護度 3	62.18	69.98	46.73	45.49
要介護度 4	78.95	83.13	51.66	53.94
要介護度 5	86.62	89.71	55.19	58.73
宿泊費・食費	23.50	24.18	13.45	17.14

出典：Statistisches Bundesamt: Pflegestatistik Pflege im Rahmen der Pflegeversicherung Deutschlandergebnisse, 2017, Destatis, 2018, p.34。

％ である。また、介護施設は同時点で 1 万 4500 か所存在し、うち 53 ％ が民間非営利団体の運営であり、民営は 43％、公営は 5％ である [Statistisches Bundesamt, 2018, pp.10-12]。

2　ドイツの介護保険の特徴

　ドイツの介護保険には以下の特徴がある。①給付範囲が狭い。すなわち、基礎的保障の原則のもとで、給付（限度）額が低く抑えられている。それゆえ、「部分保険」とも呼ばれる。②すべての年齢の者が対象となり、障害者・障害児も対象となる、③在宅介護においてサービス給付のみならず現金給付（介護手当）も存在し、サービス給付と現金給付を組み合わせる「コンビネーション給付」も可能である[5]、④サービス給付の利用にあたって利用者負担が存在しない、⑥運営費用はすべて保険料で賄われる。

　介護保険制度の給付範囲が狭く、近親者の介護力への依存が強いことから、家族介護者へのきめ細かな配慮がなされている。すなわち、まず、要介護度2以上の要介護者を在宅で週10時間以上介護する者は労災保険の対象となる（保険料は自治体が負担）。また、当該家族介護者が週30時間を超える就労をしていなければ、公的年金保険の強制被保険者となる（保険料は介護金庫が負担）。さらに、失業保険の被保険者ともなる（保険料は介護金庫が負担）ため、家族介護者は介護終了後に失業手当を申請したり、再就職のための給付を受けたりできる。加えて、レスパイトケアとして代替介護（家族介護者が休暇や病気等で介護に支障が生じた場合、代わりの者が介護を行うための費用を負担する給付）、スキルアップ支援として無料の介護講習、相談・助言の機会として助言訪問（介護手当を受給する要介護者のもとに定期的に職員が訪問し、家族介護者への支援などを行う）といった給付がある［森、2020、pp.33-35］。また、介護手当受給時における家族介護の質を担保するため、MDKまたは介護金庫の委託を受けた鑑定人による、要介護者の住居での定期的な要介護度の審査がなされ、適切な介護が行われていないと判断された場合には、介護金庫に対して介護手

表6-6　2018年末時点の要介護度別受給者数

在宅介護給付	単位：人	単位：%		施設介護給付	単位：人	単位：%
要介護度1	343,334	11.8		要介護度1	4,787	0.6
要介護度2	1,384,210	47.6		要介護度2	178,215	22.8
要介護度3	773,796	26.6		要介護度3	255,590	32.8
要介護度4	294,516	10.1		要介護度4	223,551	28.7
要介護度5	109,469	3.8		要介護度5	117,921	15.1
合計	2,905,325	100.0		合計	779,933	100.0

出所：BMG: Zahlen und Fakten zur Pflegeversicherung, BMG, 2019a より著者作成。

表6-7　給付種類別受給者数の推移

（単位：人、カッコ内は構成割合。単位：%）

給付の種類	1996年	2000年	2004年
介護手当（現金給付）	943,878 （60.4）	954,684 （50.7）	959,580 （48.4）
介護サービス（サービス給付）	105,879 （6.8）	159,693 （8.5）	169,357 （8.5）
コンビネーション給付	135,305 （8.7）	193,018 （10.3）	203,531 （10.3）
代替介護	6,805 （0.4）	6,313 （0.3）	12,145 （0.6）
デイケア・ナイトケア	3,639 （0.2）	10,287 （0.5）	15,045 （0.8）
ショートステイ	5,731 （0.4）	7,696 （0.4）	9,989 （0.5）
完全施設介護	355,142 （22.7）	494,793 （26.3）	548,665 （27.7）
障害者の完全施設介護	5,711 （0.4）	55,641 （3.0）	65,052 （3.3）
合計	1,562,088 （100.0）	1,882,125 （100.0）	1,983,363 （100.0）

給付の種類	2009年	2013年	2018年
介護手当（現金給付）	1,034,561 （45.5）	1,148,866 （44.3）	1,736,432 （48.3）
介護サービス（サービス給付）	179,795 （7.9）	132,683 （5.1）	160,826 （4.5）
コンビネーション給付	284,670 （12.5）	403,432 （15.6）	496,559 （13.8）
代替介護	33,779 （1.5）	930.22 （3.6）	20,186 （0.6）
時間単位の代替介護	—	—	189,149 （5.3）
デイケア・ナイトケア	28,895 （1.3）	57,201 （2.2）	102,869 （2.9）
ショートステイ	16,542 （0.7）	19,749 （0.8）	26,639 （0.7）
完全施設介護	613,746 （27.0）	654,011 （25.2）	722,986 （20.1）
障害者の完全施設介護	79,457 （3.5）	82,347 （3.2）	137,664 （3.8）
合計	2,271,445 （100.0）	2,591,311 （100.0）	3,593,310 （100.0）

出典：BMG: Pflegeversicherung, Zahlen und Fakten, BMG, 2020a（https://www.bundesges undheitsministerium.de/themen/pflege/pflegeversicherung-zahlen-und-fakten.html#c 3237、最終閲覧 2020 年 9 月 5 日）より著者作成。

全体	単位：人	単位：%
要介護度 1	348,121	9.4
要介護度 2	1,562,425	42.4
要介護度 3	1,029,386	27.9
要介護度 4	518,067	14.1
要介護度 5	227,390	6.2
合計	3,685,389	100.0

当の支給停止や介護サービス給付への移行が勧告される［森、2020、p.31］。

また、給付（限度）額の低さゆえに、介護保険給付で不足する分については自己負担で調達することとなる。だが、低所得のためにそれが困難である場合は、社会扶助の中の介護扶助から、通常よりも緩やかな資産調査[6]を経て、不足分の介護サービス給付を受給できる。2018 年平均の介護扶助の受給者数は 38.9 万人であり、うち 65 歳以上は 31.7 万人と 8 割を占める［Statistisches Bundesamt, 2020］。

3　介護保険の現状

　2019 年末時点の受給者数は 400 万人である。うち、65 歳以上の高齢者は 306.9 万人と 76.7％ を占め［BMG2020a］、65 歳以上人口の 17.2％ を占める。2018 年末時点の要介護度別の受給者数（**表 6‑6**）をみると、要介護度 2 までで全体の約半数（51.8％）を占め、また、在宅介護給付の受給者（290.5 万人）が受給者全体（368.5 万人）の 78.8％ を占める。

　次に、給付種類別受給者数の推移（**表 6‑7**）をみると、2018 年の介護手当のみの受給者数は 173.6 万人とほぼ半数を占め、受給者数も約 20 年間で 2.3 倍に達している。

　最後に、保険財政の推移をみると、近年では収支がほぼ均衡を保っている。2019 年は収入が 472.4 億ユーロ（5.8 兆円）、支出が 439.5 億ユーロ（5.4 兆円）であり、32.9 億ユーロ（0.4 兆円）の黒字を記録している（**表 6‑8**）。財源が保険料のみで賄えている理由については、重度の要介護者のみを対象としていること、介護サービス給付の限度額

表6-8　保険財政の推移

（単位：10億ユーロ）

	1995	1996	1997	1998	1999	2000	2001	2002	2003
収入	8.41	12.04	15.94	16.00	16.32	16.54	16.81	16.98	16.86
支出	4.97	10.86	15.14	15.88	16.35	16.67	16.87	17.36	17.56
収入－支出	3.44	1.18	0.80	0.13	－ 0.03	－ 0.13	－ 0.06	－ 0.38	－ 0.69
積立金	2.87	4.05	4.86	4.99	4.95	4.82	4.76	4.93	4.24

	2004	2005	2006	2007	2008	2009	2010	2011	2012
収入	16.87	17.49	18.49	18.02	19.77	21.31	21.78	22.24	23.04
支出	17.69	17.86	18.03	18.34	19.14	20.33	21.45	21.92	22.94
収入－支出	－ 0.82	－ 0.36	0.45	－ 0.32	0.63	0.99	0.34	0.31	0.10
積立金	3.42	3.05	3.50	3.18	3.81	4.80	5.13	5.45	5.55

	2013	2014	2015	2016	2017	2018	2019
収入	24.96	25.91	30.69	32.03	36.10	37.72	47.24
支出	24.33	25.45	29.01	31.00	38.52	41.27	43.95
収入－支出	0.63	0.46	1.68	1.03	－ 2.42	－ 3.55	3.29
積立金	6.17	6.63	8.31	9.34	6.92	3.37	6.66
介護保障基金	—	—	1.09	2.44	3.83	5.17	7.18

注：介護保障基金とは、2015年に新設された基金をさす。

出典：BMG: Pflegeversicherung, Zahlen und Fakten, BMG, 2020a（https://www.bundesgesund heitsministerium.de/themen/pflege/pflegeversicherung-zahlen-und-fakten.html#c3237、最終閲覧2020年9月5日）より著者作成。

よりも金額が低く設定されている介護手当の受給者が全体の半数を占めることなどが考えられる。

4　制度改革の展開

　1994年に成立したドイツの介護保険は、1990年代後半には既に3つの課題が見いだされていた。それらは、①給付（限度）額と保険料率[7]の引上げの必要性、②要介護度の評価方法の改善の必要性、③介護の質の保障の必要性、であった。

　①については、介護保険の給付のみではサービスを賄いきれない要介護者の増加にともない、社会扶助における介護扶助の支出額が徐々

に増加していたこと［田中、2011、p.43］、在宅介護優先の原則にもかかわらず、施設入所者が緩やかな増加傾向を辿っていたこと、財政が1999年以降赤字基調となっていたこと、が背景にあった。②については、当時の要介護度の評価方法が身体的な介護に対応した設計で、介護にかかる「時間」を基準としていたため、認知症患者や精神障害者などに対して適切な要介護度の評価がなされえないことが問題視された。③については、一部の在宅や施設で質の低い劣悪な介護が行われていたことが「介護スキャンダル」としてマスコミに報道され、このことを機に、介護の質をめぐる議論が活発化した［マイデル、2005、p.36］。

1) 2000年代前半：介護の質の保障と給付（限度）額・保険料率の引上げ

　2002年施行の介護の質保障法では、すべての介護サービス供給主体に対し、介護の質管理に関する内規の導入と、給付と介護に関する証明書の提出が義務付けられた。また、介護の質に関する抜き打ち審査におけるMDKの権限強化も規定された。また、同年には入所施設について規定するホーム法も改正され、入所契約の透明化の推進、入所介護施設に対する監督の強化などが規定された［土田、2006、p.27］。他にも、同年施行の介護給付補完法によって、認知症患者、精神障害者、知的障害者への見守り・世話のニーズに対応して、年間460ユーロを限度とする「追加的な世話給付」が新設された。また、2005年1月より、家族負担調整（子のある家庭と子のない家庭の負担を調整する）の観点から、子のない被保険者に対して保険料率が0.25％ポイント上乗せされた［森、2019、pp.332-333］。

2) 2008年改革：認知症への対応強化と給付（限度）額・保険料率の引上げ

　2008年7月には、制度成立以来の最初の大規模な改革である介護保険継続発展法が施行された。まず、在宅介護関連では、給付（限度）

額が段階的に引き上げられ、2015 年以降は物価上昇率を勘案したスライドが 3 年ごとに実施されることとなった。また、要介護と評価されなかった場合でも、認知症患者などのように日常生活能力が著しく制限されている場合には、在宅介護、代替介護、追加的な世話給付を受給できることとなった。さらに、介護保険サービスに関する無料相談と情報提供を行う「介護支援拠点」が、住民約 2 万人当り 1 か所を目標に設置された。2009 年 1 月には「介護相談」というケアマネジメントの仕組みも導入され、専門知識を有し、介護金庫に所属し介護支援拠点に常駐する介護相談員 [BMG2017] が、介護や医療に関する全般的な支援を行うこととなった。次に、施設介護関連では、入所施設で認知症の入所者の簡単な世話などをするアシスタントを配置した場合に報酬加算が行われることとなった。配置基準は入所者 25 名当り 1 人とされ、アシスタントは特に資格を必要とせず、簡単な実習を受講するだけでよいとされた。最後に、以上の給付改善と赤字基調の克服のため、および、今後の要介護者の増大に備えるため、保険料率が 1.70％ から 1.95％ に引き上げられた [土田、2012、p.3-5]。

3) 2012 年改革（介護保険新展開法）：新たな要介護概念が確立するまでの経過的措置

2012 年 3 月には、新たな要介護度とその評価方法の具体的内容を構築すべく、「新要介護概念の具体的な構築のための専門家委員会」（以下、新要介護概念委員会とする）が連邦保健省内に組織された。それゆえ、その 3 カ月後に成立し、2013 年 1 月に施行された介護保険新展開法は、新たな要介護度が確立するまでの経過的措置という位置づけであった。

主な内容は、まず、在宅の認知症患者への給付額の上乗せであり、認知症や精神疾患などで著しく日常生活に支障をきたしているが要介護と評価されていない在宅の者に対し、介護等級 I の 2 分の 1 相当の給

付がなされることとなった。次に、家族介護者への支援として、代替介護の費用に上乗せして、従来は支払われなかったその間の介護手当の半額が支給されることとなった。そして、これらの財源として、保険料率が 0.1% ポイント引き上げられた。

　また、18 歳以上の介護保険加入者が追加的に民間介護保険に加入し、月額 10 ユーロ以上の保険料を支払う場合に、月額 5 ユーロの助成金が国庫から支給される「国家助成民間介護追加保険」という仕組みが導入された。これは、当時のバール連邦保健大臣の名前をとって「介護バール」と称される。対象となる民間介護保険の商品は、加入者が要介護状態となった場合、その要介護度に応じた最低月額（要介護度 1 は 60 ユーロ、同 2 は 120 ユーロ、同 3 は 180 ユーロ、同 4 は 240 ユーロ、同 5 は 600 ユーロ）以上の給付を行わねばならない。なお、介護バールの利用者数は 2018 年時点で 87.8 万人であり、公的介護保険の被保険者全体の 1.2% に過ぎない［PKV2019a］。

4）　第一次・第二次・第三次介護強化法：新たな要介護度の導入を伴う大改革

　2014 年 11 月には第一次介護強化法が成立し、2015 年 1 月に施行され、2015 年 12 月には第二次介護強化法が成立し、2016 年 1 月に施行された。

　第一次介護強化法の主な内容は、①給付内容の拡充と、②「介護保障基金」の新設であった。①では、概ねすべての給付の限度額が過去 3 年間の物価変動を勘案して約 4% 引き上げられた。また、在宅介護給付を限度額まで使い切っていない場合に、2015 年以降は給付額の 40% を上限として、その分を追加的な世話給付に利用できることとなった。②は、将来の保険料上昇を緩和するために新たに設置された基金であり、連邦銀行によって管理される。2015 年以降毎年、保険料のうち 0.1% ポイント分がこの基金に積み立てられ、2035 年以降毎年、積

立金額の 20 分の 1 を限度として介護保険の調整基金として利用できる [BMG2014a]。そして、これらの施策のために、保険料率が 2015 年 1 月より 0.3％ ポイント引き上げられ、2.35％ となった。

　第二次介護強化法の内容は、「自立の度合」という新たな要介護評価基準に基づく、5 段階の要介護度の導入であった [BMG2014b]。これは、2013 年 6 月に提出された新要介護概念委員会の報告書 [BMG 2013] の提案（従来の身体能力と並んで、認知的疾患、精神障害をも考慮した新たな要介護評価基準を用いた 5 段階の要介護度への変更）を反映していた。このことにともない、保険料率が 2017 年には 2.35％ から 2.55％ となり、2019 年には現在の 3.05％ へと引き上げられた。

　さらに、2016 年 12 月成立、2017 年 1 月施行の第三次介護強化法では、より地域の実情に沿った介護行政を展開できるように、要介護者、障害者、および、彼らの親族への助言に関して、自治体が中心となって体制を整備することとされた。また、介護支援拠点の新設についての発議権も州から自治体へと移管された [Lötzerich, 2019a]。

5　近年の改革動向
—— 介護人材不足への対応と介護職・家族介護者の負担軽減

　制度発足以来の 3 つの課題への対応が一段落したのち、新たに浮上した課題は、介護人材の不足、および、家族介護者の負担の重さであった。2018 年 3 月発足の第 4 次メルケル政権の連立協定にも、介護政策に関して、家族介護者への支援の拡充と、介護職の労働条件を魅力的にすることによる十分な介護職の確保が必要と述べられた [CDU/CSU/SPD, 2018, p.95]。介護人材の不足は深刻であり、2017 年時点で 3 万人が不足しており、2030 年までには 30 万人不足すると予測された [Stalinski, 2017]。また、家族介護者の状況をみると、2017 年時点で、259 万人の在宅の要介護者のうち、約 68％ にあたる 176 万人が家

族のみによって介護されている［Statistisches Bundesamt, 2018, p.16］。

　連邦保健省は 2018 年 3 月に、以下の段階を踏んでこれらの課題に対応していくと表明した［BMG2018b］。第 1 段階は、既述の 3 次にわたる介護強化法による要介護者と家族介護者への支援強化、第 2 段階は、2017 年 7 月成立・施行の介護職業法による介護教育の改善（それまでは患者の看護と老人介護とに分かれていた介護教育の統合）であった。

　第 3 段階は、2018 年 5 月に連立政権内で合意された「介護に関する即時プログラム」である。同年 11 月にはこれにもとづく介護人材強化法が成立し、2019 年 1 月に施行されたことで、1 万 3000 人が施設（病院と老人介護施設）において新たに雇用されうることとなった。具体的には、定員 40 人までの施設は 0.5 人、同 41〜80 人の施設は 1 人、同 81〜120 人の施設は 1.5 人、同 120 人を超える施設は 2 人の介護職員を新たに雇える（そのための補助金を獲得できる）。また、介護職の魅力を向上させるために、介護施設における介護職の健康促進のための給付に対する追加的な財政支援がなされ、さらに、2025 年までの時限的措置として、介護職のワークライフバランス向上の取組みへの財政支援もなされる。これらにかかる費用は医療保険が負担するが、医療保険にはその分の連邦からの財政補助がなされる［Deutscher Bundestag, 2018, p.4］。

　そして、第 4 段階は、2018 年 7 月に、介護に深く関わる 3 省（連邦保健省、連邦労働社会省、連邦家族・高齢者・女性・青少年省）の大臣によってなされた「介護のための集中行動」という合意である。これをもとに、介護の仕事を魅力的にし、介護人材の量と質を確保するための計画が 2019 年 6 月に公表され、具体的には、介護職員の賃金引上げ、人員配置基準の見直し、外国からの介護人材受入れの強化、介護分野の職業訓練生と職業訓練施設の増加に今後取り組むこととなった［BMG2019b］。

　さらに、2020 年のコロナ禍でも、介護職の負担軽減のための取り組

みがなされている。すなわち、2020 年 5 月に可決された「国内流行病に際しての国民保護法」の第二次法において、介護職へのボーナス支給と、さらなる支援が規定されている。具体的には、①すべての介護職に対して「コロナ助成金」として、100 ユーロ〜1000 ユーロの一時金の特別給付が支給される。②非正規、見習いの介護職にも一時金が支払われる。③介護の事業主には、介護保険から助成金がさしあたり前払いの形で調達され、介護保険には後に適切な連邦補助金が支払われる。④州と介護の事業主は、1500 ユーロを上限として、助成金を補完的に上乗せできる［BMG2020b］。

おわりに

　ドイツの介護保険は、制度発足後に顕在化した 3 つの課題を 20 年越しで克服し、現在では介護人材の不足への対応、および、介護者の負担軽減に注力している。

　日本への示唆としては、家族介護者への手厚い支援の重要性が挙げられる。家族介護者を労働者に見立てた上で、本人の保険料負担なしで社会保険に加入させ、保険給付を行うことで労に報いていることが特徴的である。家族介護の質にも配慮しており、家族介護者による介護のみで十分な介護が担保されない場合は、定期的な鑑定や助言訪問などの機会にサービス給付への転換が図られる。また、家族介護者の就労と介護の両立支援も、2008 年導入の介護時間制度[8]、2012 年導入の家族介護時間制度[9] などによって急速に整備されている［森、2020、p.35］。

　また、公的介護保険に留まらない介護保障への目配りも注目に値する。ドイツでは公的介護保険が部分保険でしかないことは浸透している。2019 年の世論調査の結果によれば、ドイツ国民の 78％ は、公的介護保険のみでは介護保障として不十分であることを認識しており、う

ち 57％ は、家族、友人、国家の支援に依存しないように備えることが重要と考えている。だが、同時点で追加的に民間介護保険に加入していた者は370万人と、人口（8317万人）の4.4％ に留まった。世論調査では、追加的な民間介護保険に対して、回答者は平均して月額161ユーロの保険料支払いが必要と考えているとの結果が出たが、民間保険団体の見解では、若いうちから加入すれば月額10〜40ユーロの保険料支払いで十分とされる［PKV2019b］。在宅介護サービスの場合にかかる平均的な介護費用は、要介護度1で月額約500ユーロ、要介護度5で同約2500ユーロと見積もられている［Careship, 2020］。この場合、表6−1を参照しながら推計すると、公的介護保険のみでは不足する在宅介護の費用は、要介護度1の場合は月額約500ユーロ、要介護度5の場合は同約505ユーロとなる。ここにおいて、既述の介護バールを用いれば、保険料負担の一部を軽減された上で、不足する介護費用の一部または大部分を追加的な民間介護保険から賄えることになる。

　このように、公的介護保険のみでは不足する部分をどのように補うかが問題となる。中所得者の場合は追加的な民間保険への早期加入による事前の備えが重要となり、介護バールはそのための契機となるだろう。また、低所得者の場合は税財源の介護給付を受けやすいことが重要であり、その意味で、緩やかな資産調査を伴う介護扶助は適切な仕組みと考えられる。市場適合的な保険方式をベースとしつつ、低所得者向けには補完的に、緩やかな資産調査を伴う税方式の給付を行う。このような形で、ドイツの介護保障は社会的市場経済の内容を体現しているとも捉えられる。

注
1　社会的介護保険法は、ドイツの社会保障関連法の集大成である社会法典（SGB）の第11編に収録されているため、このように表記される。
2　ドイツ国民は原則として公的医療保険に加入するが、一定額以上の収入の者

は公的医療保険の代わりに民間医療保険に加入することができ、その場合は民間介護保険への加入を義務付けられる。このような形での民間介護保険の加入者数は 2019 年末時点で 922 万人である［BMG2019a］。

3　2016 年以前の要介護度におけるドイツの要介護度 I は日本の要介護 4 に相当し［斎藤、2013、p.17］、2017 年以降は要介護度 2 に置き換えられた［Lötzerich, 2019a］ため、このように解釈しうる。

4　ドイツ・カリタス連合、ディアコニー事業団、ドイツ・パリテティッシェ福祉団、ユダヤ人中央福祉所、ドイツ赤十字、労働者福祉団の 6 団体をさす。

5　たとえば、要介護度 2 の要介護者が介護サービス給付を限度額の 25%（172.25 ユーロ）分受給した場合は、介護手当の 75%（237 ユーロ）分を受給できる。介護サービス給付と介護手当の配分割合は要介護者が自由に設定できる（SGB XI 38 条）。

6　単身の場合、最低生活水準が基準額（2020 年は月額 432 ユーロ）の 2 倍の金額に設定され、世帯員がある場合も、通常は続柄に応じて基準額の 90〜55% であるところ、一律で同 70% の金額に設定されている（社会法典第 12 編 85 条）。

7　当時の保険料率は、1995 年は 1%、1996 年以降は 1.7%（いずれも労使折半）。

8　従業員 15 人以上の事業所が対象で、6 か月以内の期間で無給の介護休暇と、すべての事業所が対象の 10 日間の短期の有給の介護休暇とがある。

9　従業員 26 人以上の事業所が対象で、最長 2 年間、最大週 15 時間まで、要介護者である親族の介護のために労働時間を短縮しうる。

引用・参考文献

AOK: Vertrag gemäß §89 SGB XI vom 27.01.2020 für Mitgliedsdienste des Arbeitskreises privater Pflegevereinigungen in Bayern. Anlage 1: Leistungskomplexe für ab 01.03.2020 erbrachte Leistungen, 2020.

BARMER: *Vom Pflegewert zum Pflegegrad. Die Bewertungssystematik der Pflegebegutachtung*, BARMER, 2019.

BMG: *Bericht des Expertenbeirats zur konkreten Ausgestaltung des neuen Pflegebedürftigkeitsbegriffs*, BMG, 2013.

BMG: Das erste Pflegestärkungsgesetz, 2014a.（http://www.bmg.bund.de/pflege /pflegestaerkungsgesetze/pflegestaerkungsgesetz-i.html、最終閲覧日 2014 年 8 月 2 日）

BMG: Das zweite Pflegestärkungsgesetz, 2014b.（http://www.bmg.bund.de/pfle

ge/pflegestaerkungsgesetze/pflegestaerkungsgesetz-ii.html、最終閲覧日 2014
年 8 月 14 日）

BMG: Pflegeberaterinnen und Pflegeberater, 2017.（https://www.bundesgesund
heitsministerium.de/service/begriffe-von-a-z/p/pflegeberaterinnen-und-bera
ter.html、最終閲覧日 2020 年 9 月 5 日）

BMG: Leistungsansprüche der Versicherten im Jahr 2018 an die
Pflegeversicherung in Überblick, 2018a.（https://www.bundesgesundheitsmini
sterium.de/fileadmin/Dateien/3_Downloads/Statistiken/Pflegeversicherung/
Leistungen/Leistungsbetraege_2018.pdf、最終閲覧日 2020 年 9 月 4 日）

BMG: Schritt für Schritt- So machen wir Pflege besser, 2018b. https://www.
bundesgesundheitsministerium.de/strategie-fuer-pflege.html

BMG: Zahlen und Fakten zur Pflegeversicherung, BMG, 2019a.

BMG: Konzertierte Aktion Pflege, BMG, 2019b.

BMG: Pflegeversicherung, Zahlen und Fakten, BMG, 2020a.（https://www.
bundesgesundheitsministerium.de/themen/pflege/pflegeversicherung-zahlen-
und-fakten.html#c3237、最終閲覧日 2020 年 9 月 5 日）

BMG: Zweites Gesetz zum Schutz der Bevölkerung bei einer epidemischen Lage
von nationaler Tragweite, 2020b.（https://www.bundesgesundheitsministerium.
de/covid-19-bevoelkerungsschutz-2.html、最終閲覧日 2020 年 9 月 5 日）

Careship: Alle Pflegekosten im Überblick, 2020.（https://www.careship.de/
senioren-ratgeber/pflegekosten/、最終閲覧日 2020 年 9 月 10 日）

CDU/CSU/SPD: Ein Neuer Aufbruch für Europa. *Eine neue Dynamik für
Deutschland. Ein neuer Zusammenhalt für unser Land*, Bundesregierung, 2018.

Deutscher Bundestag: Entwurf eines Gesetzes zur Stärkung des Pflegepersonals.
Drucksache 19/4453, 2018.

Lötzerich, Uwe: Die Pflegestärkungsgesetze（PSG）I, II und III, 2019a.（https://
www.pflege.de/pflegegesetz-pflegerecht/pflegestaerkungsgesetze/、最終閲覧
日 2020 年 9 月 5 日）

Lötzerich, Uwe: Pflegegrade, 2019b.（https://www.pflege.de/pflegekasse-pflege
recht/pflegegrade/、最終閲覧日 2020 年 9 月 5 日）

PKV: Pflegezusatzversicherung: Bis zu 33 Prozent staatliche Förderung möglich,
2019a.（https://www.pkv.de/presse/meldungen/pflege-bahr/、最終閲覧日 2020
年 9 月 9 日）

PKV: Allensbach-Umfrage: Bürger überschätzen die Kosten der Eigenvorsorge für den Pflegefall, 2019b.（https://www.pkv.de/presse/pressemitteilungen/2019/0724-allensbach-umfrage-pflegevorsorge/、最終閲覧日 2020 年 9 月 5 日）

Stalinski, Sandra: Pflegenotstand in Deutschland. Überlastet, ausgebrannt- und weg, in: tagesschau.de, 2017.9.21.（https://www.tagesschau.de/inland/pflege-notstand-101.html、最終閲覧日 2020 年 9 月 5 日）

Statistisches Bundesamt: Pflegestatistik Pflege im Rahmen der Pflegeversicherung Deutschlandergebnisse, 2017, Destatis, 2018.

Statistisches Bundesamt: Empfängerinnen und Empfänger von Leistungen nach dem 5. bis 9. Kapitel SGB XII insgesamt nach Altersgruppen, Hilfearten und Ort der Leistungserbringung im Laufe des Jahres 2018, Destatis, 2020.（https://www.destatis.de/DE/Themen/Gesellschaft-Umwelt/Soziales/Sozialhilfe/Tabellen/liste-insg-altersgruppen.html、最終閲覧日 2020 年 9 月 5 日）

斎藤香里「ドイツの介護者支援」『海外社会保障研究』184 号、国立社会保障・人口問題研究所、2013 年、pp.16-29。

田中耕太郎「ドイツにおける介護保険と介護サービスの現状と課題」『健保連海外医療保障』89 号、健康保険組合連合会、2011 年、pp.35-44。

土田武史「介護保険の展開と新政権の課題」『海外社会保障研究』155 号、国立社会保障・人口問題研究所、2006 年、pp.22-30。

土田武史「ドイツの介護保険改革」『健保連海外医療保障』94 号、健康保険組合連合会、2012 年、pp.1-8。

マイデル、ベルント・フォン「介護と質の確保」『介護保険転換期』東京都高齢者研究・福祉振興財団、2005 年、pp.17-36。

松本勝明『ドイツ社会保障論Ⅲ—介護保険—』信山社、2007 年。

森周子「ドイツ福祉国家の理念と実現をめぐる一考察—メルケル政権下の社会保障制度改革と社会的市場経済—」『西武文理大学紀要』9 号、西武文理大学、2007 年、pp.69-84。

森周子「介護保険」『新 世界の社会福祉 2　フランス／ドイツ／オランダ』旬報社、2019 年、pp.325-341。

森周子「介護手当と家族介護—ドイツの動向から考える」『日本労働研究雑誌』719 号、労働政策研究・研修機構、2020 年、pp.27-37。

第 7 章

韓国の介護保険改革

金　浤垣

はじめに

　1990 年以降にみられるポスト産業社会への移行に伴い顕著化した
「新しい社会的リスク（New social risk）」[1] は、現代福祉国家にさら
なる課題をもたらしている。こういった背景の下で、かつて儒教主義
的福祉国家（Confucian welfare state）[2] とも評価されてきた東アジア
福祉国家のなかでも、とりわけ儒教的価値観による家族規範が根強い
とされる韓国は、圧縮された産業発展に伴う急速な高齢化の進展に対
し予め対応策を模索する必要に迫られた。このような状況を受け、韓
国はケアの社会化と国民医療保険[3] の財政健全化を図る観点から、日
本の介護保険に相当する「老人長期療養保険制度（노인장기요양보험
제도、Long-term Care Insurance）」（以下、長期療養保険とする）を
2007 年 4 月に法制化し、2008 年 7 月 1 日から実施している。
　韓国の長期療養保険の導入は日本に比べ時期的に 8 年ほど遅れてい
るが、福祉国家の発展段階という観点を取り入れて考えると、むしろ
早い時点での制度導入であったとも評価できる。韓国において社会保
障制度の抜本的な改革が断行されたのは 1998 年以降であるが、これ
は長期療養保険の導入が検討され始めた 1999 年とほぼ同時期である。

つまり、韓国では「古い社会的リスク（Old social risk）」[4]向けの社会保障制度の改革と「新しい社会リスク」向けの長期療養保険の導入が、アジア金融危機という未曾有の経済危機の状況下でほぼ同時に進められたのである。こういった韓国の事例は、世界的にみても非常に稀なケースである。

　現在、OECD 諸国の中で社会保険方式による介護保険制度を運用している国は日本、ドイツ、韓国などの 3 か国のみであり、大多数が税方式による介護サービスの提供を行っている。本書で海外事例としてドイツと韓国を紹介しているのは、こういった共通性によるものでもある。この 3 か国の中でも、とりわけ日本と韓国は色々な側面で類似点を有することが報告されている［李グァンジェ、2010、p.280；金ジミ、2017；文ヨンピル・鄭チャンリュル、2019、p.48］。その根本的な原因は、韓国の長期療養保険が日本の介護保険の基本的な枠組みを借用したことにあるが、その後、独自の制度構築を行ってきたことに注目する必要がある［西下、2020］。本稿では以上を踏まえ、韓国の長期療養保険の導入を政策過程の分析を通じて俯瞰し、現在に至るまでの変遷を概観し、今後の課題に関して検討する。

1　長期療養保険の導入

　韓国の長期療養保険は、1999 年 10 月に当時の保健福祉部[5]長官[6]により導入の必要性が提起されて以来、約 9 年間の政策過程を経て、2008年 7 月 1 日から開始された。本節では、長期療養保険がいかなる経緯により導入に至ったのかを、政策過程の分析を通じて検討する。そのため、公共政策の政策過程の分析に有意義な枠組みの一つと評価されるキングドンの「政策の窓」モデル[7]を援用する（表 7-1）。そして、韓国の事例を当てはめ、各「流れ」におけるアクターと政策企業家の役割に注目しつつ、3 つの「流れ」を分析することで全体像を俯瞰する。

表 7 - 1 「政策の窓」モデルに基づく長期療養保険の政策過程の分析枠組

流れ	アクター	内容
問題の流れ	社会現象に対する指標の変化	高齢化の進展 国民医療保険の財政悪化
政策の流れ	官僚、専門家、利益団体など	官僚や専門家による制度導入の提案 制度詳細をめぐる各アクターによる議論
政治の流れ	大統領、政党、国会議員、利益団体、市民団体などの政策企業家	政権交代（保守政権→進歩政権） 制度導入に関する大統領の強い意志 総選挙における与党の敗北

出典：筆者作成。

1) 問題の流れ

1 高齢化の進展

　韓国は高齢化の進展が最も急速な国である。2017 年の統計庁の推計[8] によれば、全人口に対し 65 歳以上の高齢者人口が占める割合は 2030 年に 25%、2050 年には 39.8% に至るとの予測が立てられており、OECD 諸国の中でも例外的と言えるほど速いスピードで超高齢社会に向かいつつある。

　しかし、必ずしも高齢化の進展が長期療養保険の導入を促した決定的な要因として作用していたとはいえない。ドイツや日本で介護保険の導入が検討され始めた当時の高齢化率を韓国と比べてみると、ドイツが 13.2%（1970 年代）、日本が 9%（1980 年代）であったのに対し、韓国は 2000 年当時 7.2% に過ぎず、比較的に高齢化の進行度合いが低い段階であった［劉ウンジュ、2008、p.169］。実際、高齢社会に突入したばかりの当時の韓国社会では、長期療養保険の必要性に対する社会的合意が形成されていない状況であった。これは当時、医療保険と公的年金の運営方式や給付水準等の決定を巡り、市民社会の役割が極めて大きかったこととは対比的に、長期療養保険の政策過程においては市民社会の役割が非常に限定的であったことからも確認できる。長期療養保険を巡り市民団体と利益団体が活動を展開し始めたのは、制

表7-2　高齢者医療費の年度別推移

（単位：億ウォン、％）

項目	1990	2000	2003	2004	2005	2006	2007	2008
医療費	22,198	129,122	207,420	225,060	248,615	284,103	323,892	348,457
高齢者医療費	2,391	22,555	44,008	51,364	60,371	73,504	91,189	104,310
割合	8.2	17.5	21.2	22.8	24.4	25.9	28.2	29.9

出典：李グァンジェ「老人長期療養保険制度政策過程の理解：韓国・日本の比較研究」［2010、p.83］より筆者作成。

度の導入が決定された以降である［李ジンスク・曺ウンヨン、2012、p.12］。

2　高齢者医療費の増加による医療保険の財政危機

1990年代、韓国では高齢化の進展に伴う高齢者医療費の急増により、医療保険の財政危機論が浮上していた。表7-2をみると、1990年から2008年までの18年間で医療費全体に占める高齢者医療費の割合が3倍以上に至るほど急増していたことがみて取れる。これを受け、保健福祉部は、医療保険の財政健全化を図ることに主眼をおいたうえで、長期療養保険の導入の必要性を提起した。保健福祉部は2001年5月に「健康保険財政安定および医薬分業定着総合対策」を発表し、長期療養保険を高齢者医療費の対策の一環として位置付けたうえで、保険原理に基づく社会保険制度の形での導入を提案した。そして、翌年の2002年7月には「老人保健福祉総合対策」を発表し、長期療養保険の導入に向けた制度開発の必要性を喚起した。こういった一連の動きは、社会的入院の抑制に主な目的があったもので、当時の保健福祉部が長期療養保険を社会的リスクの軽減に向けた政策手段として認識するよりも、医療保険の財政健全化に重きを置いて制度導入を推進していたことを傍証している［李ジンスク・曺ウンヨン、2012、p.11］。

3　社会福祉サービス領域の開発による雇用創出効果のねらい

盧武鉉政権時において長期療養保険の法制化が成し遂げられたのは、失業率の増加および女性経済活動率の低迷に対する打開策として、社

会福祉サービスの開発による雇用創出効果を期待したためでもあった。盧武鉉政権が発足した2003年当時、保健福祉サービス領域への就業率は2.4%で、OECD諸国の平均値（9.4%）に比べると、非常に低い水準であった［朴ハジョン、2008、p.55］。このような状況を踏まえ、保健福祉部は長期療養保険の必要性を訴えるため、2005年3月23日にソウル大学保健大学院にて「公的老人療養保障制度導入の経済性評価」の結果を発表し、長期療養保険の導入に伴う雇用創出効果および経済効果について力説した。こういったことから、盧武鉉政権が長期療養保険の導入を進めるにおいて、経済政策としてケア産業を育成しようとしたねらいが一定程度存在していたことが垣間見られる。

　以上のことから、長期療養保険の導入は急激な高齢化の進展を背景としつつも、介護サービスに対する国民のニーズが高まっていない状況の中、逼迫する医療保険の財政悪化と失業率の解消のための打開策として、政府主導により進められたものであったことが窺える。

2）　政策の流れ

　長期療養保険の導入の引き金を引いたのは、政府官僚と専門家であった。金大中政権の第3代目の保健福祉部長官である車興棒は、長期療養保険に関する研究で博士号を取得した高齢者福祉の専門家であった。彼は、1999年5月に長官に就任して間もなく同年10月28日に「老人保健福祉中長期発展改革」という報告書を通じ、大統領に長期療養保険の導入を直接提案した。これに加え、同年12月に青瓦台で開かれた会議にて、ソウル大学社会福祉学科の教授である崔ジェソンにより再び長期療養保険の導入の必要性が提起された。これを機に、金大中大統領により保健福祉部内に「老人長期療養保護政策企画団」の設置が命じられ、制度導入への動きが始まった。同企画団の研究開発においては、政府のシンクタンクと言える韓国保健社会研究院が参加し、政府案の練り上げに決定的な役割を果たしていた。

2003 年、盧武鉉政権の登場は、制度導入への動きが本格化するきっかけであった。大統領の制度導入への強い意志の下、同年 3 月には保健福祉部の傘下に「公的老人療養推進企画団」が設置された。同企画団は約 1 年に渡り研究開発に取り組み、制度の試案を作成した。その翌年度の 2004 年には「公的老人療養保障制度実行委員会」が構成され、立てられた試案に基づき制度詳細の具体化が図られた。この 2 年間の研究開発の期間中には、制度視察を目的にドイツ（1 回）と日本（2 回）への出張も行われていた。

　制度の詳細を巡っては、適用対象、人材確保、給付の種類と水準、管理・運営方式、財政方式などが主な議論の対象となった。運営の主体については、健康保険公団とする案と自治体とする案をめぐる議論を重ねた結果、健康保険公団を運営主体とし、自治体は公団と連携し療養認定に携わるなどの業務を担う補完的な主体として位置づけることが決定された。人材確保については、療養保護士を養成することを目的とする別途の教育機関を設置し、履修者に対し資格を付与することで人材を確保していくことを骨子とする案が選ばれた。なお、財政方式をめぐっては、税方式と社会保険方式という選択肢をおいて熾烈な議論が重ねられたすえ、結果的にはおおむね当初の政府案の通りに社会保険方式で運営することが決定された。

　以上をまとめると、長期療養保険の導入に始動をかけたのは政府官僚と専門家であり、これらの政策企業家は制度詳細の決定においても重要な役割を果たしていたことが窺える。また、政策過程の後半においては多様なアクターの参加によるダイナミックスがみられるものの、政府の役割が圧倒的に大きく、結果的に政府案がおおむね貫徹されたことが確認される（表 7-3）。

3）　政治の流れ

　金大中政権期から盧武鉉政権期まで、つまり 1998 年から 2007 年ま

表7-3　長期療養保険の推進課程における政策案の内容比較

区分	推進企画団案 （2004年2月）	実行委員会案 （2005年2月）	立法予告案 （2005年10月）	国会提出案 （2006年2月）	国会議決法律 （2007年4月）
適用対象	健康保険加入者	同左	同左	同左	同左
給付対象	45歳以上 65歳以上の高齢者を優先して適用	65歳以上 45-64歳の場合、老人性疾患患者に限り適用	65歳以上 64歳以下の場合、老人性疾患患者に限り適用	同左	同左 ＊64歳未満の障害者は含まない
財源調達	社会保険＋税＋自己負担	同左	同左	同左	同左
	国庫負担 ：税（30％）	国庫負担 ：税（30-40％）	地域加入者に対する付添い＊1保障事業費用の50％に相当する金額の支援	大統領令の定めに基づき高齢者付添い費用の一部を負担	保険料収入の予想総額の20％
管理運営主体	健康保険公団（暫定）	健康保険公団	同左	同左	健康保険公団但し、長期療養機関の指定・取り消しを行う権限は自治体に委任
給付対象拡大方案	1-4段階に区分し段階的に2段階ずつ拡大適用	同左、但し、2年間のモデル事業を実施	低い等級に対し2010年7月に実施	2008年7月：重症者以上を対象	

＊1　韓国語の「수발」の筆者訳。「身近に寄り添い、他人のお世話をすること」という意味。
出典：劉ウンジュ（2008、p.177）より筆者作成。

では、韓国の歴史の中で最も社会保障制度の量的拡大が進んだ期間である。その詳細を巡っては、評価が分かれる部分もあるが、前代未聞の経済危機という悪条件の下で、際立つ社会保障の量的拡大が進められていた点から、当時を韓国の現代福祉国家への離陸期と見なせるという見解が支配的である。

　結論から言えば、長期療養保険の導入は金大中政権と盧武鉉政権の両政権が堅持していた福祉拡大という政策基調が貫かれた結果の一つとして、政府主導により獲得できた産物であった。市民団体や利益集団は制度詳細の決定期において活発な活動を展開していたものの、その影響力は大きくなかった。

長期療養保険の導入という政策イシューが初めて世に知らしめられたのは、2001年8月15日である。金大中大統領の祝辞が述べられる中で、長期療養保険の導入が闡明されたのである。金大中大統領が光復節の祝辞を最も大事だと思っていたとの当時の秘書官の証言は[10]、彼が長期療養保険の導入に対し、いかほど強い意志を持っていたかを傍証している。しかし、金大中政権期には制度導入の検討にとどまり、盧武鉉政権期においてようやく法制化が遂げられ、制度の実施に至ったのは李明博政権期であった。

　大統領選挙に出馬する際に公約として「公的老人療養保障制度」の導入を掲げていた盧武鉉大統領は、集権期において総社会支出を段階的に13〜15％まで引き上げることを目標とするという政策基調のもと、長期療養保険の導入を国政課題の一つとして位置付け、法制定に向けての拍車をかけた。2005年に行われた総選挙で与党が敗北し、政府の権力の弱化がもたらされた状況においても、盧武鉉大統領は同年に「ビジョン2030」という報告会を開催し、そこで長期療養保険を国家未来戦略の一つとして位置付けるなど、長期療養保険の導入への強い意志を貫徹する姿を見せた。この時点から、制度詳細の決定を巡り「経済正義実践市民連合」や「参与連帯」、「全国民衆労働組合総連盟」、「韓国経営者総連盟」等の市民団体と、「社会福祉協会」や「大韓医師協会」等の利益団体の活動が活発化した。しかし、結果的には政府が提示した政策案が殆ど修正されず法制化されるに至った。

　以上をまとめると、長期療養保険の導入において最も大きな役割を果たしていたのは政府であり、行政部に権力が比較的に集中しやすい特徴を有する大統領制のもと、両政権の福祉拡大という政策基調と大統領の強い意志が制度導入を可能にした決定的な要因であったことが窺える（表7-4）。

表7-4 長期療養保険の推進課程

年　月	内　容
老人療養保障制度の導入を発表	
2001.08.15	金大中大統領が老人療養保障制度の導入を闡明
2002	盧武鉉大統領候補の公約事項として提示
制度施行の準備体系の構築	
2003.03~2004.02	「公的老人療養保障推進企画団」を設置・運営
2004.03~2005.02	「公的老人療養保障制度実行委員会」を構成・運営
「老人長期療養保険法（案）」立法推進	
2005.10.19~2005.11.08	「老人療養保険法（案）」の立法を予告
2006.02.16	各主体による法案の国会提出：政府（1件）、ハンナラ党*1（2件）、ヨルリンウリ党*2（2件）、民主労働党（1件）、立法請願（1件）等、計7件の法案が提出される
2007.04.02	国会で成立（附帯決議を含む） ・国務会議の議決を経て4月27日に公布、2008年7月1日から施行することに決定 ・第1段階の施行令・施行規則：2007年10月1日から施行 ・第2段階の施行令・施行規則：2008年7月1日から施行
モデル事業の推進	
2005.07~2006.03	第1次モデル事業の実施 事業対象：6か所の市郡区*3に居住する65歳以上の国民基礎生活保障制度*4の受給権者
2006.04~2007.04	第2次モデル事業の実施 事業対象：8か所の市郡区*5に居住する65歳以上の高齢者
2007.05~2008.06	第3次モデル事業の実施 事業対象：13か所の市郡区*6に居住する65歳以上の高齢者
老人長期療養制度の施行	
2008.03~2008.07	老人長期療養保険制度の施行を準備 老人長期療養保険運営センターの開所
2008.07	老人長期療養保険制度の施行：保険料の徴収および給付の開始

＊1　現在の「国民の力（국민의힘）」の前身。
＊2　現在の「共に民主党（더불어민주당）」の前身。「開かれた我が政党」という意味を持つ。
＊3　広州広域市南区・江原道江陵市・京畿道水原市・忠清南道扶餘郡・慶尚北道安東郡、北済州道。
＊4　日本の「生活保護法」に相当する、韓国の公的扶助制度。
＊5　第1次モデル事業の対象地域に釜山広域市北区・全羅南道莞島郡が追加。
＊6　第2次モデル事業の対象地域に仁川広域市富平区・大丘広域市南区・忠清北道清州市・全羅北道益山市・慶尚北道河東郡が追加。
出典：老人長期療養保険制度ホームページ（http://www.longtermcare.or.kr、最終閲覧2020年8月3日）より筆者作成。

4)　政策過程に現れる大統領制の特徴

　「政策の窓」が開かれるきっかけは２つがあり、その１つ目は行政部の変化、議席配分の変化、あるいは世論の変化といった政治的諸変化が政策の窓を開かせるきっかけを作ることで、２つ目は事故や事件の発生などによって新たな政策過程が政策形成者に認識された場合や、解決策に見合う問題を制作提唱者が探し出してくる場合である［西岡、2001、p.75］。前者を「政治の窓（Political Windows）」と呼び、後者は「問題の窓（Problem Windows）」と呼ぶ。

　長期療養保険の政策過程においては、高齢化の進展とそれに伴う医療財政の逼迫という「問題の流れ」と、官僚や専門家、利益団体などの政策企業家により形成された「政策の流れ」、そして史上初の保守政権から進歩政権への交代により形成された「政治の流れ」が相互独立して流れていた。こういった状況の中、更なる進歩政権の誕生により形成された「政治の窓」は、「政策の窓」を開き、各「流れ」の合流を導いていたと解釈することができる。

　高齢化の進展に伴い長期療養保険の導入が必要であるとの認識は、当時の韓国社会には広がっておらず、政府官僚と専門家を中心に共有されていた。彼らは、医療保険の財政悪化や失業率の増加などの問題に直面した中で、長期療養保険を社会的ケアへの移行を促しつつ経済面でも成果を収められる一挙両得の政策手段と見なしていた。

　かつてない経済危機という状況で誕生した金大中政権は、福祉拡大という政策基調の下で社会保障制度の抜本的な改革を断行した。こういった政策基調は、長期療養保険の導入を可能とする最も重要な背景であった。結局、金大中政権期においては法制化が成し遂げられなかったが、盧武鉉政権という更なる進歩政権の登場により、政策基調に連続性が保たれ、長期療養保険の導入に拍車がかかった。政策過程の後半においては、多様な政策企業家が参加し、制度詳細を巡り議論が活発化したものの、結果的に政府案がほとんど貫かれた形で政策決定

に至った。

　まとめると、長期療養保険は高齢化の進展による諸問題が顕在化する前に、社会的ケアへの移行の必要性とそれによる経済的効果に注目した政府官僚および専門家により政策アジェンダとして設定され、福祉拡大への政策基調の下で大統領の強い意志が貫かれたことによって得られた産物であったということができる。こういった長期療養保険の政策過程は、大統領制の特徴を如実に表す事例といえる。

2　長期療養保険の変遷

1)　長期療養保険の導入までの流れ

　長期療養保険が導入されるまで、高齢者の介護問題については、老人福祉制度により対応されてきた。1981 年 6 月に高齢者の生活の安定と健康の維持、高齢者福祉の充実を目的とする「老人福祉法」が制定され、その翌年度の 1982 年には、施行令および施行規則が発表された。当時の老人福祉法の主な目的は、「社会的ケアへの移行」ではなく、「家族制度の維持および発展」であった[11]。こういった老人福祉制度では、非常に限られた種類のサービスが公的扶助の原理に基づき、ごく一部の貧困高齢者を対象に行われていた。しかし、高齢化が進むにつれ、家族による介護の限界や、介護サービスの供給不足とそれによる価格高騰、社会的入院の増加による高齢者医療費の財政悪化などの問題が浮上した。こういった状況の下、福祉拡大を政策基調とする両政権の登場を背景に長期療養保険の導入がなされたのである（**表 7 - 5**）。

2)　長期療養保険の主な変化

　老人長期療養保険法は、導入時から現在に至るまで 13 回の改定が行われてきた。外国人労働者の加入除外制度と農漁村地域に居住する受給者の本人負担金軽減措置（実施：2010 年 1 月）、対象拡大に向けた

表7-5　長期療養保険の導入までの流れ

年　度	主な制度政策の変化
1981	老人福祉法の制定
1986	老人共同作業場の設置・運営
1987	居宅老人福祉事業のモデル事業を実施
1988	有料養老施設・実費老人療養施設の設置
1990	老人福祉会館の運営を開始
1991	昼間保護・短期保護事業の開始
1993	居宅，有料老人福祉事業の開始
1995	最初の認知症専門療養施設の開院（中渓老人福祉館）
1996	家庭奉仕員の養成事業を実施
1998	「21世紀高齢化社会に向けた老人保健福祉の中・長期発展計画」発表
1999	保健福祉部に老人保健課を新設 老人保健福祉の中・長期発展計画の推進状況を大統領に報告
2005	少子高齢社会基本法を制定
2008	長期療養保険の開始

出典：権ソンチョル［2019，pp.31-32］を参考に筆者作成。

3等級体系から5等級体系への改編（2014年7月）、長期療養従事者の処遇改善および福利厚生の充実への努力義務の明文化と実態調査の義務化（2017年5月）、認知支援等級の新設および本人負担金の軽減対象を拡大（2018年1・3月）など、多岐に渡る改革が行われた。これらの改革は、介護の社会化の実現に向けての努力であったと評価することができる（表7-6）。

　しかし、長期療養保険の改革において最も重きが置かれたのは、サービス提供者や受給者による不正行為の防止であったと言わざるを得ない。上述したよう、韓国政府は長期療養保険を社会的ケアへの移行の手段としてみると同時に、雇用創出効果を収められる経済政策の一環としても認識していた。こういった観点の下で、長期療養サービスの供給インフラを市場原理に委ねることによって構築するという観点から、規制緩和を行い、多様な主体の長期療養サービス市場への参入を促したのである。その結果、間もなく供給過剰が招かれ、利用者確保のための本人負担金の割引や免除、代納などの問題が横行すること

表7-6　長期療養保険の主な改正

保険料率	施行年月	改定の主な内容
6.55%	2010年 1月	・外国人労働者の加入除外制度を導入 ・農漁村地域に居住する受給者の本人負担金軽減措置を導入
	2010年 3月	・長期療養機関長の義務条項を新設 ・長期療養給付費用に関する記録管理義務の強化、記録保存期限を規定 ・長期療養機関の廃業時における公団への資料の移管義務を規定 ・長期療養機関の開設における公団の業務を具体化 ・事業者の不正行為に対する過料処分に関する処理基準を整備
	2014年 2月	・サービス利用時における長期療養機関による自己負担金の免除・割引行為の禁止 ・長期療養機関への営利目的の紹介・斡旋行為を禁止 ・過料処分に関する処理基準を強化 ・違反事実の公表権限を自治体長に付与 ・行政処分を受けた事業所における事業承継に対する行政処分の効力承継を規定（1年間）
	2014年 7月	・長期療養保険の等級体系（長期療養認定）の改編 　5等級（認知症特別等級）の新設、「3等級体系」から「5等級体系」へ
	2016年 12月	・長期療養機関の開設における欠格事由を規定 ・行政処分の効力承継の期間を延長（1年→3年） ・不正行為による給付請求に加担した従事者の資格停止処分に関する条項を新設（1年の範囲内で）
	2017年 5月	・国および自治体の長期療養従事者の処遇改善および福利厚生の充実への努力義務条項を新設 ・保健福祉部に対し実態調査の実施を義務化する条項を新設 ・長期療養機関の財務・会計基準に関する条項を新設
	2017年 6月	・特別現金給付受給口座*1に関する条項を新設
7.38%	2018年 1月	・認知支援等級の新設
	2018年 3月	・本人負担金軽減措置の対象を拡大
	2018年 9月	・従事者への人権教育を義務化 ・長期療養機関に科す過料の上限額の引き上げ （5000万ウォン→2億ウォン）
8.51%	2019年 7月	・事業者に支払われた総報酬額のうち人件費の占める割合を規定
	2019年 12月	・長期療養サービス提供における基本原則を変更（自己決定権の強化） ・長期療養サービスと医療サービスの連携を義務化 ・長期療養機関指定制・指定更新制の実施（6年）

| 10.25% | 2020 年10 月 | ・受給者の不正行為に対する受給資格停止および給付制限の効力期限を変更（1 年まで）
・資料提出義務を果たさない長期療養機関に対し、公団による給付費用の支給の留保を可能とする条項を新設
・資料提出義務を果たさない長期療養機関に対する罰金規則を新設 |

＊1　受給者の申請がある場合、特別現金給付を受給者名義の指定された口座へ振り込み、口座の譲渡や差し押さえなどを禁止することで、受給者の受給権を保護することを目的とする制度。
出典：筆者作成。

となった。こういった状況を踏まえ、韓国政府は不正行為の根絶を図る観点から、長期療養機関の財務・会計基準や行政処分、過料処分の処理基準の強化などに集中的に取り組んできたのである。つまり、韓国政府が競争環境の整備よりも、違法・不正事業者への取り締まりの強化に注力してきたのであり、こういった点は日本と区別される特徴点であるということができる［金ジミ、2017、pp.138-139、p.142］。

3)　認知症国家責任制

文在寅<ruby>ムンジェイン</ruby>大統領は、大統領選挙への出馬の際に「認知症国家責任制」の実施を公約で掲げていた。同政策は、文在寅候補の当選により、2017年6 月から実現化された。その主な内容は、①全国 256 か所の保健所に「認知症安心センター」を設置し、認知症患者または家族に対する相談サービス及びケアマネジメントを実施、②長期療養保険の等級体系の改善、③「認知症安心型」長期療養施設の量的拡大と療養保護士などの専門人材に対する処遇改善、④「認知症安心療養病院」を 2019 年12 月から全国 79 か所の効率療養病院を中心に設置、⑤認知症治療およびケアに関する研究支援拡大などである。こういった政策目標の下で、政策が進められて 2 年目となる 2019 年には、全国すべての保健所に「認知症安心センター」が設置された。なお、長期療養サービスの利用における本人負担金軽減措置（月額最大 24 万 9000 ウォン）や、認知症医療費の本人負担金を 5 割から 1 割への引き下げなどの政策も現在実施している。

3　長期療養保険の仕組み

1)　長期療養保険の目的

　老人長期療養保険法は、加齢に伴う疾病や老人性疾患[12]などが原因で日常生活を一人で営むことができない高齢者などに提供する、身体活動あるいは家事支援などの老人長期療養給付に関する事項を規定することにより、老後の健康増進および生活安定に寄与し、その家族の負担を軽減することで国民の生活の質を高めることを目的とする（老人長期療養保険法第1条）。

2)　長期療養保険の仕組み

1　保険者（運営主体）

　長期療養保険の保険者は、国民健康保険公団（以下、「公団」とする）である。韓国では制度運営の効率化を図る観点から、2011年に長期療養保険を含め公的年金・医療保険・雇用保険・労災保険などの全ての社会保険制度の保険者を公団とする一元化が断行された。これに基づき、公団は長期療養保険の受給資格の管理や保険料の徴収、給付管理、長期療養機関の評価等の業務を担っている。

2　被保険者（保険の加入者）

　長期療養保険の被保険者は全国民である。原則的に加入が強制される国民健康保険に加入すれば、自動的に長期療養保険の加入者となる仕組みになっている。ただし、公的扶助による医療給付の受給者は加入対象外となるが、長期療養保険の適用対象であるため、被保険者として扱われる。この場合、受給者の保険料は免除となり、給付費用は中央政府および自治体の財源で補填される。外国人労働者は、「雇用許可制」[13]利用して入国した者に限り、自ら適用除外の申請を行う場合、被保険者から外され、保険料納付の義務が免除される。

3　財政方式および財源

　長期療養保険の財源は被保険者の保険料、公費（国庫負担）、利用者の自己負担[14]等によって賄われる。韓国の長期療養保険は基本的に保険方式を採用しているものの、日本と同様に税を利用して一定部分を賄う構造を採用している（図7-1）。財政方式は賦課方式を採用しており、当該年度の保険料収入から必要な財源を用意することを基本方針とする。

　財源の中で最も大きい部分を占めるのは保険料である。保険料は、国民健康保険料に長期療養保険料率を乗じた金額を、国民健康保険料に上乗せした形で自動徴収される。保険料率は、財政状況を踏まえ、保健福祉部長官の傘下組織である「長期療養委員会」の審議を経て、大統領令で定められる[15]。保険料率は制度導入時から徐々に増加傾向に

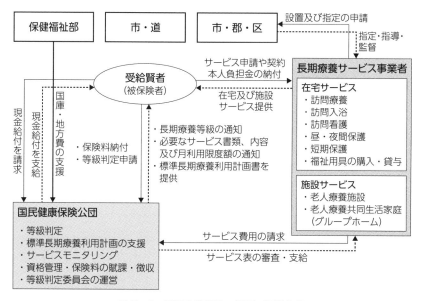

図7-1　長期療養保険の管理・運営主体

出典：金明中「韓国における老人長期療養保険制度の現状や今後の課題―日本へのインプリケーションは？―」ニッセイ基礎研究所基礎研レポート（2016年6月15日）」（https://www.nli-research.co.jp/files/topics/53139_ext_18_0.pdf?site=nli、最終閲覧2020年8月29日）

あり、2020 年現在は 10.25％ となっている。

　中央政府は、被保険者の保険料による予想収入額の 20％ に相当する金額を、国庫負担という形で公団に支給する。また、中央政府と地方自治体は、医療給付受給権者の給付費用の全額と、医者の意見書や訪問看護指示書などの発行の際に発生する費用のうち、公団負担分の費用および管理運営費の全額を負担する。

　長期療養サービスの利用の際に発生する自己負担の割合は、利用するサービスの内容によって異なる。居宅サービスを利用においては、当該年度に受給した長期療養給付額のうち 15％ が自己負担分となる。一方、施設サービスにおいては、給付額のうち 20％ が自己負担分となる。自己負担の割合は、等級と関係なく一律で適用される。医療給付受給権者は自己負担が免除される。これ以外にも、老人長期療養保険法第 40 条の定めに基づき、次上位階層 16) や被災者などに対する自己負担額の軽減措置を設けている。

4　長期療養認定（要介護認定）

　長期療養保険による給付を受給するためには、一定の手続きを踏んで長期療養認定を受ける必要がある。申請資格は、長期療養保険の加入者およびその被扶養者と医療給付受給権者のうち、65 歳以上の高齢者または 65 歳未満の認知症や脳血管疾患等の疾患を有する者に認められる。特定疾患以外による要長期療養者は、障害者福祉施策の対象となるため、長期療養保険の対象から外される。

　長期療養認定の手続きは、①公団へ申請、②訪問調査（90 項目）と医者の意見書の提出、③点数の算定、④等級判定委員会による審議・判定、⑤公団の認定という手順で行われる。判定は、1〜5 等級、認知支援等級に区分される。認定結果に対し不服がある場合には、公団に対し審査請求をすることができる。

　長期療養認定の等級体系は、1〜5 等級と認知支援等級で構成されている。日本の介護保険と違って、数字が低いほど重症を意味する

表7-7　長期療養認定における等級判定の基準

等級	心身の状態	長期療養認定点数
1等級	心身の機能障害により日常生活において全的な助けが必要な者	95点以上
2等級	心身の機能障害により日常生活においてかなりの助けが必要な者	75点以上95点未満
3等級	心身の機能障害により日常生活において部分的な助けが必要な者	60点以上75点未満
4等級	心身の機能障害により日常生活において一部の助けが必要な者	51点以上60点未満
5等級	認知症患者（老人長期療養保険法施行令第2条で定めている老人性疾患に限定）	45点以上51点未満
認知支援等級	認知症患者（老人長期療養保険法施行令第2条で定めている老人性疾患に限定）	45点未満

出典：老人長期療養保険ホームページより筆者作成。

という点が特徴的である。当初は、3等級体系として発足したものの、2014年7月に行われた一部改定により、5等級体系に改編された。また、2018年1月には認知支援等級を新たに設け、給付対象を拡大した（表7-7）。

　判定により長期療養認定を受けた者は、手続きを行ってからサービスを利用することができる。手続きは、①長期療養認定書および標準長期療養利用計画書の受領、②利用を希望する長期療養機関との給付契約の締結、③サービスの利用という手順で行われる。長期療養認定書の有効期限は、1等級が4年、2～4等級が3年、5等級および認知支援等級が2年など、等級による期限の差が設けられている。

5　保険給付の内容

　長期療養保険により提供されるサービスの種類は、居宅サービス、施設サービス、特別現金給付などの3種類に区分することができる。すべてのサービスは認定された等級の高下と関係なく全ての認定者が利用できるが、その報酬や利用額限度などに差が設けられている（表7-8・9・10）。

　特別現金給付は3種類に区分されるが、特例療養費と療養病院看病費は施行が見送られている。家族療養費は2020年現在、低額で月15

表7-8　長期療養給付の種類と内容

サービス名		内容
居宅サービス	訪問療養	介護人が受給者の家庭などに訪問し、身体介助および生活支援を行うサービス
	訪問入浴	介護人が簡易浴槽の設備付きの車両を利用し、受給者の家庭に訪問して入浴介護を行うサービス
	訪問看護	医療関係者の指示書に従い、受給者の家庭に訪問し看護や診療の補助、療養に関する相談などを行うサービス
	昼・夜間保護	1日中、一定の時間帯において受給者に療養施設へ入所してもらい、身体介助や心身機能の維持・向上のための教育または訓練を提供するサービス
	短期保護	1か月の中、9日以内の期間において受給者に療養施設へ入所してもらい、身体介助や心身機能の維持・向上のための教育または訓練を提供するサービス
	福祉用具	保健福祉部長官による定めに基づき、受給者の日常生活および身体活動の支援に必要な用具の提供および貸与を行うサービス
施設サービス	老人療養施設	長期入所した受給者に対し、身体介助および心身機能の維持・向上のための教育または訓練を提供するサービス
	老人療養共同生活家庭（グループホーム）	長期入所した受給者に対し、家庭のような住居環境の下で身体介助および心身機能の維持・向上のための教育または訓練を提供するサービス
特別現金給付	家族療養費	①長期療養機関が顕著に不足している地域に居住する者、②天災地変などで長期療養サービスの利用が困難であることが認められた者、③身体・精神・性格などの理由により家族による介護を受けなければならない者に支給する現金給付
	特例療養費	長期療養機関として指定されていない長期療養施設による在宅および施設サービスを利用した場合、費用の一部を支給
	療養病院看護費	老人福祉法に定める老人専門病院や、医療法に定める療養病院に入院した場合、費用の一部を支給

出典：筆者作成。

表7-9　居宅サービスの利用限度額

（単位：ウォン／月）

分　類	1等級	2等級	3等級	4等級	5等級	認知支援等級
限度額	1,498,300	1,331,800	1,276,300	1,173,200	1,007,200	566,600

出典：国民健康保険ホームページより筆者作成。

万ウォンである。特別現金給付は日本の介護保険には存在しない韓国特有の制度である。こういった制度が講じられたのは、制度導入時に

表7-10　施設サービスの利用額

（単位：ウォン／月）

分　　類		金額		
		一般	認知症全但型	
			「ガ」型	「ナ」型
老人療養施設	1等級	70,990	同左	同左
	2等級	65,870	81,240	73,110
	3-5等級	60,740	74,910	67,410
老人療養共同生活家庭（グループホーム）	1等級	62,730	同左	同左
	2等級	57,750	71,580	
	3-5等級	53,230	66,000	

出典：国民健康保険ホームページより筆者作成。

おけるインフラの不備により予測される地域間不均衡の問題に対応するためであったと考えられる。

6　長期療養保険のサービス機関

長期療養機関を設置・運営することを希望する者は、保健福祉部令で定められた設備や人員に関する設立要件を満たし、所在地を管轄する自治体長から指定を受けなければならない（老人長期療養保険法第31条第1項）。長期療養機関の種類は、大きく「居宅老人福祉施設」と「老人医療福祉施設」などの2種類に区分される。居宅老人福祉施設とは、居宅サービスを主な業務とする機関、つまり訪問療養サービス機関、訪問入浴サービス機関、訪問看護サービス機関、昼夜間保護サービス機関、短期保護サービス機関、福祉用具サービス機関を指す。老人福祉施設とは、老人療養施設と老人療養行動生活家庭（グループホーム）、老人専門病院を指す。現在、療養病院看病費の実施が見送られているため、老人専門病院を利用する場合、長期療養保険の給付を受給することができない。

長期療養サービスの提供主体をみると、個人事業者や社会福祉法人などの民間事業者の割合が圧倒的に高く、自治体により運営されてい

表7−11　開設主体別長期療養機関数の構成割合（2018 年）

居宅老人福祉施設					老人医療福祉施設				
個人	法人	自治体	その他	計	個人	法人	自治体	その他	計
83.4% (13,390)	14.9% (2,374)	0.85% (135)	0.44% (71)	100% (15,970)	72.6% (3,864)	25.1% (1,334)	2.1% (110)	0.2% (12)	100% (5,320)

出典：KOSIS 国家統計ポータル「市道別・開設区分別・給付種類別長期療養機関現況」より筆者
　　　作成。
注：括弧の中の数字は機関数を示す。

る長期療養機関は約 1% に過ぎないほど極めて少数なのが現状である。
これは、上述のよう、ケア産業の育成を図る観点から、供給インフラ
の構築が市場化により成し遂げられた結果である（表7−11）。

4　今後の課題

1）　政策過程における立法府の決定権限の委任による「行政権の肥大化」

　すでに述べたよう、長期療養保険の導入は政府主導によるものであ
ったと評価できる。とりわけ、利用者の観点からすれば最も重要な部
分と言える、受給資格の条件や給付額の水準などに関する決定は、ほ
とんど行政府によって行われていた。実際、政策過程において受給資
格の条件や給付の水準に関する条項を盛り込んだ法案を提出した国会
議員は一人もいなかった。こういったことは、財政支出を伴う件に関
しては、法律で定めることでなく、行政府に委任すべきことであると
の認識が一般化していることが窺える。立法府による行政府への決定
権限の委任は、行政権の肥大化を招く恐れが非常に高く、その結果と
して国民の権利の財政従属がもたらされる危険性を孕む［李シンヨン、
2014、p.1075］。こういった観点から、給付の範囲などの制度詳細を法
律で具体的に定めているドイツの介護保険の事例は、参考に値するも
のであると考えられる。

2) 居宅・施設サービスの役割分担の明確化と等級体系の見直しによる効率化

　近年のOECD主要国での介護サービス利用量の動向をみると、居宅サービスの利用量に拡大がみられる一方、施設サービスの利用量は縮小傾向にあることが報告されている。しかし、韓国では両者とも増加傾向にあり、その動向においてOECD主要国と相異がみられる［文ヨンピル・鄭チャンリュ、2019］。運用方式の面で共通点をもつドイツ・日本・韓国の3か国に対象をみると、ドイツを除く日本と韓国は居宅・施設サービスの利用量において増加傾向がみられる点で共通していることが見て取れる。しかし、各サービスの利用量において、日本の場合、居宅サービスに比べ施設サービスの伸び率が鈍化傾向を示している反面、韓国の場合は両者の伸び率の傾向に大した差がみられない（表7-12）。

　現行の長期療養保険においては、基本原則として居宅サービスの利用を優先とし、施設サービスは長期療養認定において1・2等級を受けた者に限り提供することを定めている（老人長期療養保険法第3条）。しかし、実際は軽症者（3・4等級）の施設利用率が非常に高い一方、逆に重症者（1・2等級）であるにもかかわらず、長期療養サービスを利用せずに、医療保険の給付に頼りながら療養病院に入院し、医療サービスを受けるケースが多いことが報告されている。こういった

表7-12　サービス利用者の次元におけるドイツ・日本・韓国の
長期療養サービス政策変化比較分析

区分	ドイツ			日本			韓国		
指標	'90年代	'00年代	'10年代	'90年代	'00年代	'10年代	'90年代	'00年代	'10年代
居宅サービス	0.1%	2.8%	3.0%	2.8%	5.7%	10.3%	—	3.0%	4.5%
施設サービス	1.8%	3.8%	3.8%	3.3%	4.2%	4.8%	—	1.5%	2.1%
現金給付	0.5%	5.3%	4.6%	na	na	na	na	na	na

出典：文ヨンピル・鄭チャンリュル（2019、p.54）を参考に筆者作成。

問題が起きている理由としては、①各サービスの役割の不明確さが挙げられる。長期療養保険を導入して短い歴史を有する韓国はまだ制度拡張期の段階にあり、居宅サービスと施設サービスの役割分担や、現金給付の役割と必要性などに対する本格的な議論がなされてこなかった［文ヨンピル・鄭チャンリュル、2019、p.61］。今後、OECD 主要国の前例を踏まえつつ、各々の利用者のニーズに沿ったサービスが提供できるよう、居宅・施設サービスの役割を明確化していく必要がある［文ヨンピル・鄭チャンリュル、2019、p.62］。②等級判定体系の客観性・公正性の問題が挙げられる。等級認定者の規模が増加の一途を辿る中で 1 等級の判定を受ける者の総数はむしろ減少傾向にあるという点や、依然として身体機能を中心とした判定基準が適用されている点などは、等級判定の客観性や公正性に対し懐疑を抱かせるものである［李ミジン、2017、p.31］。このような問題を踏まえ、等級判定体系の見直しおよび整備を行うことによって改善していく必要がある。

　なお、制度導入時から問題として指摘されているサービス供給の地域不均衡の解消に向け、公共性の強化を図る観点から、国や自治体により運営される長期療養施設を、とりわけ地方を中心に増やしていく必要があると考えられる。また、依然として介護の重要な担い手と位置付けられる要介護高齢者の家族に対し、多角的な観点から検討を行ったうえでその支援を強化していく必要がある。

3)　療養保護士の専門性の見直しと処遇改善の必要性

　長期療養サービスの最も重要な担い手と言える療養保護士は、国家資格の取得を要するものであるにもかかわらず、その専門性が社会的に認められているとは言いにくい状況である。当初、充分な人材を確保せずに制度を実施した韓国は、人材を早く確保することに焦点を当てたあまり、教育の履修だけで資格の獲得を可能にするなど、資格取得の難易度を極めて低く設定していた。その結果、長期療養サービス

領域において需要をはるかに上回る労働力過剰の現象が起こった。これを受け、政府は 2009 年に老人福祉法の改定を通じて国家試験への合格を資格取得の条件とし、療養保護士を専門人材として位置付けようとした。しかし、療養保護士の専門性の根拠は十分に議論されないまま、未だに不明確な状態であり、その労働環境は決していいとは言えないものである。こういった問題は、療養保護士が低賃金・低熟練のジェンダー化された職種として位置付けられているためであり、これは韓国社会において依然としてジェンダー規範と家父長制が根強いという事実を表すことであるとの指摘も存在する［柳イムリャン、2017、p.230］。

　療養保護士が劣悪な労働条件や賃金水準などの状況に置かれていると、サービスの質が低下することは容易に想像できる。これに対し、韓国の 248 か所の長期療養機関の療養保護士を対象に療養保護士の労働条件とサービスの質との相関関係を分析した研究では、とりわけ賃金水準・付加給付・教育訓練の支援などの要因が、サービスの質と相関関係を持つことが明らかになった［権ヒョンジョン・洪ギョンジュン、2017］。こういった観点を踏まえ、療養保護士の専門性の見直しと処遇改善を、より高い質の介護サービスの実現に向けて欠かせない課題として位置付け、努力を重ねていく必要があると考えられる。そのためには、職能団体としての「療養保護士協会」の立ち上げや、倫理綱領の見直しおよび再制定による専門性の根拠の確保などが有効な手段となりえると考えられる［任セア、2019、p.47、p.49］。

注
1　ポスト工業社会（post-industrial society）への移行に伴う、経済的・社会的変化の結果として現れたリスクの総称［Taylor-Gooby P. 2005］。非典型的雇用形態の増加などの労働市場の変化に関連するリスクと、仕事と家族生活の両立の難しさや離婚、結婚の減少、一人親家庭といった家族の変化に関連するリス

クなどで分類できる［若森彰孝　2013］。

2　C. ジョンス［1990, 1993］により提唱された概念で、ケアに対する 1 次的な責任主体を家族や親族またはコミュニティと見なす点や国家責任の強化よりもコミュニティの活性化もしくは再生を強調する点などが特徴であり、その背景には儒教的価値観に基づく文化的特殊性が存在するとみなす観点。

3　現在の名称は「国民健康保険」。2000 年 7 月に組合方式から統合方式への転換を骨子とする改革がなされ、名称変更が行われた。

4　疾病、高齢化、失業、不衛生など、産業社会において所得の喪失をもたらす要因となりうるリスクの総称［Taylor-Gooby P.2005］。

5　日本の厚生労働省の「厚生部」に相当する、韓国の国家行政機関名。

6　日本の「大臣」に相当する、機関長を意味する官命。

7　キングドンの「政策の窓（Window of opportunity）」モデルによれば、政策過程には「問題の流れ（Problem stream）」、「政策の流れ（Policy stream）」、「政治の流れ（Political stream）」などの 3 つの「流れ」がほとんど相互独立（nearly independent）した状態で存在する。政策の決定は「政策の窓」が開かれた決定的な時期に、上述の 3 つの「流れ」が合流（coupling）することにより政策が「政策の窓」を通過することで可能となる［Kingdon J. W., 1995；西岡、2001］。当モデルにおいての主な分析対象は、各々の「流れ」における諸アクターと政策企業家の役割である。

8　統計庁（2017）「将来人口推計」。

9　車興棒（1998）「장애노인　부양가족의　장기요양보호서비스　이용선호도와 그 결정요인에　관한　연구（障害高齢者の扶養家族の長期療養保護サービスに対する利用選好度とその決定要因に関する研究）」중앙대학교박사학위논문（中央大学大学院博士学位論文）。

10　「김대중, 광복절　경축사를　가장　중시……　노무현, 전날　밤까지　연설문　고쳤다（金大中、光復節の祝辞を最も重視……盧武鉉、前日の夜まで演説文を修正していた）2018 年 3 月 23 日」（http://www.ohmynews.com/NWS_Web/View/at_pg.aspx?CNTN_CD=A0002416644&CMPT_CD=P0010、最終閲覧 2020 年 9 月 1 日）。

11　国家と国民は、敬老孝親の美風良俗に基づく健全な家族制度の維持・発展に対し努力しなければならない（老人福祉法第 1 章第 3 条「家族制度の維持・発展」）。

12　認知症、脳血管疾患、パーキンソン病等の大統領令で定められている疾病の

総称。

13 外国人労働者の雇用の許可・管理することを目的とする制度。2004年8月から実施。

14 法律上の用語は「本人負担金（受給者が負担する居宅・施設給付の費用、第35条第項）」。

15 2020年9月8日に開かれた第4次長期療養委員会にて、翌年度の2021年の保険料率を11.52％までに引き上げることが決定された。

16 世帯所得が最低生計費の100％以上で120％以下の潜在的貧困層を指し示す政策用語。

引用・参考文献

［英語文献］

Jones, C. "The Pacific Challenge: Confucian Welfare States." C. Jones. (eds.) *New perspectives on the Welfare State in Europe*, London: Routledge, 1993, pp.198-217.

Kingdon, J. W. "*Agendas, Alternatives, and Public Policies (2nd, ed.),*" N.Y. Harper Collins College Publishers, 1995.

Taylor-Gooby, P. "*New Risks, New Welfare: The Transformation of the European Welfare State (ed.),*" Oxford: Oxford University Press, 2004.

［日本語文献］

西岡晋「医療政策過程分析の枠組み：「政策の窓」モデルの可能性」『早稲田政治公法研究』第673号、2001年、pp.57-87。

西下彰俊「日本と韓国における介護保険制度および在宅高齢者に対するケアマネジメントの比較分析」『東京女子大学社会学年報』第8号、2020年、pp.17-37。

若森彰孝「新しい社会的リスクと社会的投資国家」『関西大学経済論集』第63巻第1号、2013年、pp.1-16。

［韓国語文献］

金ジミ「長期療養サービス提供体系の市場化に対する韓日比較研究」『日本文化研究』第63巻、2017年、pp.123-147。

権ヒョンジョン・洪ギョンジュン「老人長期療養保険制度において療養保護士の労働条件がサービスの質に及ぼす効果に関する研究」『韓国破壊福祉学』第69巻第1号、2017年、pp.33-57。

権ソンチョル「韓国と日本の長期療養制度の形成と展開過程に関する比較考察」

『日本文化研究』第 69 号、2019 年、pp.25-49。

李グァンジェ「老人長期療養制度の政策過程に関する韓日比較研究―政策ネットワーク理論を中心に―」『韓国社会福祉学』第 62 巻第 2 号、2010 年、pp.279-306。

李ジンスク・曺ウンヨン「老人長期療養保険法の政策決定過程分析」『社会科学研究』第 23 巻第 1 号、2012 年、pp.3-22。

李ミジン「老人長期療養制度 10 年、診断と改革課題」『月刊福祉動向』第 228 号、2017 年、pp.28-38。

李シンヨン「社会保障法の立法過程における保健福祉常任委員会の役割―老人長期療養保険法を中心に―」『批判と代案のための社会福祉学会学術大会発表論文集』2014 年、pp.1074-1105。

文ヨンピル・鄭チャンリュル「韓国の老人長期療養保険の政策変化に対する分析（2008-2018）―OECD 主要国との比較を中心に―」『社会科学研究』第 30 巻第 1 号、2019 年、pp.45-66。

任セア「療養保護士の専門職発展可能性に関する研究」『長期療養研究』第 7 巻第 1 号、2019 年、pp.34-52。

朴ハジョン「社会福祉政策決定過程の政策ネットワーク研究」慶熙大学大学院博士学位論文。

柳イムリャン「制度化されたケア労働者の役割構成と職業地位―居宅療養保護士の事例を中心に」『フェミニズム研究』第 17 巻第 2 号、2017 年、pp.189-231。

劉ウンジュ「老人長期療養保険の政策過程に関する研究―kingdon の「政策の窓」モデルを適用して―」『韓国政策科学学会学術大会発表論文集』2008 年、pp.165-185。

Ⅲ部

当事者とケアワーカーからの報告

第8章

「認知症の人と家族の会」と介護保険

鈴木森夫

1 「介護の社会化」「認知症になっても安心して暮らせる社会」をめざして

　今から40年前の1980年1月、「呆け老人をかかえる家族の会」（現在の「認知症の人と家族の会」、以下「家族の会」）は「自分たちの暮らしや健康は自分たちで守る」ことを基本に結成された。互いに励ましあい、助けあう活動とともに重視してきたのが、「介護の社会化」と「認知症になっても安心して暮らせる社会」をつくる運動だった。

1）「家族の会」の結成

　「家族の会」のはじまりは、京都新聞社が主催していた「高齢者なんでも相談」の中で、"呆け相談"をした家族たちが月1度開いていた「家族の集い」だった。認知症をまだ「呆け」とか「痴呆」と呼んでいた時代の話である。世間では、認知症はまだ病気として認識されておらず、社会的支援も皆無の時代だった。家族は、「とりあえず思いを吐露して、誰にも分かってもらえないつらさや悲しみを分かち合おう」「自分よりもっと大変な介護をしている人の話を聞いて、自分を励まそう」と、この会を開いていた。

「家族の集い」に初めて参加した介護家族のひとり、髙見国生氏（「家族の会」初代代表）はそのときの思いを次のように書いている。「介護しているものどうしが話し合った、そのときの衝撃は忘れられません。誰にも分かってもらえないと思っていた苦労がすっと分かってもらえます。自分よりもっと大変な介護をしている人もいました。気持ちが軽くなり、もう少し頑張ろうという気持ちになったのです。苦労している者どうしがつながることの大切さを知りました」。

　こうした集いの中から、1980年1月、「家族の会」を結成しようという運びになったのである。この話を、地元紙が大きく報じ、それを見た全国紙の記者がすぐに記事にとりあげてくれた。小さな記事だったが、これが予想外の反響を呼び、当初は京都の家族と関係者20人ほどの集まりになるはずが、岐阜から、東京から、千葉から、新聞で発会を知った人たちが押し寄せ、主催者の思いをはるかに超える90人もの人が京都に集まった。こうして「家族の会」は初めから全国組織として誕生したのである。そして今では、全国47都道府県すべてに支部があり、1万1000人の会員を有する組織として発展してきた。

　髙見氏は、会報の創刊号で次のように呼びかけた。「おたがい、それぞれにとって大切な人である父や母や、夫や妻が、呆けてしまったその悲しみと介護の苦労、やり場のない家族の胸のうちが、あの日、芝蘭会館[1]に集まっていました。家族は、もうひとりぼっちではありません。もうバラバラではありません。呆け老人をかかえたのも、人生の何かの縁です。励ましあって、助けあっていきましょう。呆け老人の問題は、現在介護中の家族だけの問題ではありません。みんなの問題なのです。社会の問題です。いま私たちは家族だけの負担と犠牲で介護をしていますが、本来もっと社会の手が差しのべられるべきです。もっと政治の光が当てられるべきです」。

2) 調査に基づく要望が成果を生む

「家族の会」は結成直後から要望活動に取り組みはじめ、1982年に国に最初の要望書を提出、以来毎年のように要望や提言、アピールを行ってきた。その数は40年間で74回にも及び、さまざまな制度の充実と向上がはかられた。

「家族の会」の要望活動は、会員などを対象とした調査研究をもとに行ってきたことに特徴があり、認知症や介護に関する社会的な動きに影響を与えた。たとえば、1991年の「初老期痴呆介護実態調査」により65歳以上でないと介護サービスが利用できない状況を明らかにし、要望書を提出した。これに対し、厚生省(当時)は老人保健法改正で「65歳未満の初老期痴呆患者が老人保健施設に入居可能になる」などとし、若年性認知症の人のサービス利用を可能にした。このことで、後に介護保険の2号被保険者の特定疾病として「初老期における認知症」が指定されるきっかけにもなった。

2 介護保険の導入をめぐって

1) 「介護保険に関する緊急要望書」

2000年からは介護保険制度が始まった。制度発足の直前、「家族の会」は利用者の立場から、認知症の介護認定の適格性、現状と同等のサービス利用の継続性、費用負担の増加についての懸念を示す「介護保険に関する緊急要望書」を厚生省(当時)に提出した。

それは、①介護サービスの質量ともの充実、②要介護認定での「痴呆」の認定を正しく行うこと、③要介護認定機関の委員に介護経験者を加えること、④施行までに国民的な合意と納得を得る努力を、というものだった。

介護保険の導入が介護を家族だけに押し付けず、社会的に支える道を開いたものとして歓迎し、「どんな制度も最初から完璧ではない。私

表 8-1　介護保険法

年	介護保険法の動き	認知症施策関連
2000	介護保険法施行	・痴呆対応型共同生活介護（グループホーム）制度化
2001		・高齢者痴呆介護研究・研修センター3か所開設
2002		・「痴呆性高齢者グループホーム」に外部評価義務付け
2003	介護保険一次認定ソフト改定 第2期介護報酬改定（－2.3％）	・厚労省「2015年の高齢者介護」報告書で『痴呆性高齢者ケアの標準モデル』発表
2004		・厚労省「痴呆対策推進室」設置 ・「痴呆」の用語が「認知症」に替わり、介護保険法に「認知症」の定義
2005	介護保険法改正 ・10月　施設居住費・食費自己負担化 介護報酬期中改定（－1.9％）	・厚労省「認知症を知り地域をつくる」キャンペーン実施 ・認知症サポーター養成講座、認知症サポート医養成講座
2006	改正介護保険法施行 ・「要支援者への予防給付」「地域包括支援センター」「地域密着型サービス」「介護サービス情報公表」など諸制度創設 第3期報酬改定（－0.5％）	・地域密着型サービス「認知症対応型共同生活介護」「認知症対応型通所介護」
2007		・「小規模多機能型居宅介護事業所」に外部評価義務付け
2008		・厚労省「緊急プロジェクト報告」 　有病率調査、認知症疾患医療センター、コールセンター、若年性認知症総合対策など示す
2009	介護保険「要介護認定」改定版実施 第4期介護報酬改定（＋3.0％）	
2010		
2011	介護保険法改正 地域支援事業に「介護予防・日常生活支援総合事業」を新設	・改正介護保険法第5条の二「認知症施策の総合的推進」等
2012	第5期介護報酬改定（＋1.2％）さらに＋0.8％の期中改定（消費税増税対応）	・「オレンジプラン」（認知症施策推進5か年計画）策定
2013		・「認知症介護実践者研修」「認知症介護実践リーダー研修」の取り組み開始

20年と認知症施策

「家族の会」の取組☆、その他
成年後見制度実施 ☆健保連「痴呆性老人を抱える家族・全国実態調査報告」（調査対象「家族の会」会員）
厚労省社会保障審議会第1回介護保険部会
☆京都で国際アルツハイマー病協会の国際会議開催
☆「認知症の介護世帯における費用負担」調査 ☆「社会保障審議会臨時委員（介護給付費分科会）」永島理事（当時）就任
☆社団法人「認知症の人と家族の会」に会名変更 ・高齢者虐待防止法施行 ・障害者自立支援法順次施行 ・「骨太の方針2006」社会保障費の伸び削減論
☆調査報告書「追跡・介護保険の6年間」
☆「介護保険を考えるつどい「こうあってほしい介護保険」（広島市・さいたま市・富山市） ・「介護従事者等の人材確保のための介護従事者等の処遇改善に関する法律」
☆提言「私たちが期待する介護保険」発表 ・改正道路交通法施行（免許更新時75歳以上の認知機能検査の義務化）
☆公益社団法人「認知症の人と家族の会」に ☆「介護保険制度改正への提言〜要介護認定廃止など利用者本位の制度へ」発表 ☆「若年期認知症に関する要望」提出
☆「認知症の人も家族も安心して暮らせるための要望書」厚生労働大臣に提出
☆「認知症列車事故」名古屋地裁判決への見解

第8章　「認知症の人と家族の会」と介護保険　203

2014	介護保険法改正 「介護予防・日常生活支援総合事業」再編 「介護予防訪問介護」と「介護予防通所介護」を給付から移行。 特養入所原則要介護3に。2割負担導入。 介護保険施設のホテルコスト捕捉給付の厳格化。	・介護保険法改正115条に「認知症総合支援事業」位置づけ、市町村・都道府県事業の「基本的事項」に認知症施策の推進を位置づける ・「認知症初期集中支援チーム」「認知症地域支援推進員」の取り組み開始
2015	第6期介護報酬改定（−2.27％） 期中改定（＋1.14％）	・「新オレンジプラン」（認知症施策推進総合戦略〜認知症高齢者にやさしい地域づくりに向けて〜）策定 ・「総合事業」（介護予防・日常生活支援総合事業）取り組み開始
2016		
2017	介護保険法改正 「3割負担」導入。「介護医療院」新設	・介護保険法改正第5条の二に加筆、「認知症に関する知識の普及・啓発」「心身特性に応じたリハビリテーション」「介護者支援等の施策の総合的な推進」「認知症の人及びその家族の意向の尊重」等
2018	第7期介護報酬改定（＋0.53％）	・介護保険「生活援助中心型サービスの訪問回数制限」 ・内閣府「認知症施策推進関係閣僚会議」（閣僚会議）設置
2019		・厚労省＋経産省「日本認知症官民協議会」設立 ・閣僚会議「認知症施策推進大綱」（大綱）発表 ・「認知症基本法」（議員立法）制定の動き
2020	介護保険法改正（「地域共生社会の実現のための社会福祉法等の一部を改正する法律案」の中に含まれる形での改正） 介護保険を財源とする「重層的支援体制整備事業」新設	・「認知症基本法」に関する国会院内集会を他の当事者団体と共同で開催。超党派で推進することを確認

出典：鎌田晴之（認知症の人と家族の会・介護保険社会保障専門委員長）作成。
参考資料：「家族の会」30年誌及び35年誌、「家族の会」ホームページ、市民福祉情報オフィス・ップファイル」。

たちが制度を利用し、その中から声を挙げてこそ、次の改善もはかられる」と期待した（**表8-1**）。

　しかし、介護保険制度は寝たきりの人をモデルとした仕組みだったため、認知症の人と家族にとって不都合な点がいくつもあった。私た

☆介護保険法改正案に対する反対署名活動4か月で8万7544筆。
☆「認知症列車事故」名古屋高裁判決への見解
☆「認知症列車事故～最高裁に期待する」最高裁判決に向けて

☆「認知症の人も家族も安心して暮らせるための要望書（2016年版）」提出
☆「認知症列車事故」最高裁判決への見解

☆京都で国際アルツハイマー病協会の国際会議開催
・道路交通法改正
　「臨時認知機能検査」「臨時高齢者講習制度」

☆「認知症の人も家族も安心して暮らせるための要望書（2019年版）」9省庁に提出

ハスカップ提供「ハスカップ・レポート2018-2020 まだまだ変わる！介護保険」および「ハスカ

　ちは、当初から、「寝たきり重視、痴呆（認知症）を軽視」の感は否めないと、要介護度区分の状態像、調査の質問事項、調査方法などについて、「見た目の元気さだけで判断しない」などを要望した。

表 8 − 2 「介護時間しらべ」3 つの効用

1	あらためて、自分がいかに介護に時間を費やしているかということがわかる
2	コピーを調査員に渡すことにより、正確に本人と家族の実態が理解され、「特記事項」に記入される
3	同じく、医師にも渡せば「主治医意見書」が詳しく正確に書かれる

出典：呆け老人をかかえる家族の会・会報「老人をかかえて」。

1) 介護時間しらべ

　また、要介護認定の基準時間が、施設入所者を対象に行われた調査を基に作られたことから、施設と在宅では全く条件が違うのに、同じものさしを使うのはおかしいと主張したが、受け入れられなかった。そこで、在宅の実態を知らせ、正しい認定をしてもらうために、1 週間の介護状況を記録する「介護時間しらべ」を提起した（表 8 − 2）。このことは、認定基準の見直しには繋がらなかったものの、調査員に普段の介護実態を知らせ、認定審査会での資料として活用するとか、認定結果の不服審査請求に活用した例も生まれた。

2) 制度の後退を押しとどめたい

　私たちは、せっかく、認知症への理解と介護へ関心が高まって、「介護の社会化」を謳う介護保険制度ができたのだから、かりにもこれまでの福祉の水準を後退してはならないと主張し、以後、2000 年 8 月「介護保険に関する緊急要望書」、2001 年 6 月「介護保険 1 年にあたっての要望書」、2002 年 6 月「介護保険見直しに向けての要望書」と毎年のように国に要望を上げ続けた。そして、2004 年 12 月には、4 項目からなる「介護保険見直しに向けての見解」を発表した。①負担を 1 割にとどめること、②軽度利用者を介護保険の対象外にしないこと、③食費・居住費の負担増をさけること、④痴呆症専用の要介護認定を。
　しかし、私たちの願いとは反対に、制度の充実どころか、後退の流れが始まったのは、スタートから 5 年目の 2005 年の法改正からだった。

2005年6月、改正介護保険法が成立。この時から早くも「持続可能な介護保険制度の構築」、「給付の効率化・重点化」というテーマが掲げられ、以後、制度後退の流れが加速していった。

　2005年10月からは、改正介護保険法が一部前倒しで施行され、それまで保険給付の対象であった介護老人福祉施設などの介護保険施設入居時の食費や部屋代（ホテルコスト）を保険から外し、自費による徴収が始まったのである。そして、2006年4月から、改正介護保険法が全面施行され、介護予防事業がスタートした。介護予防の名目で、「要支援」が「要支援1」と「要支援2」に分けられ、「要介護1」に該当した人たちを要支援にふるい落として、受けられるサービス量を減らしたのである。

3　2つの相いれない政策の流れと 「家族の会」の提言

1）　厚生労働省と財務省の思惑
　厚生労働省は2008年に「認知症の医療と生活の質を高める緊急プロジェクト」報告を発表し、「医療と介護の密接な連携のもとで適切な医療サービス、介護サービスを提供するとともに、本人やその家族の生活を支援し、その質を向上するための施策の流れを確立することが必要」という認知症施策推進の方向を示した。

　一方、財務省は「要介護2以下の軽度の者を保険の対象外にすれば、2兆900億円の経費節減が可能」とする試算を公表した。私たちは、この2つは相いれない政策であり、利用者全体の3分の2にあたる「軽度者」を外して、どうして、本人や家族の生活を支援することができるのかと、国の政策矛盾を指摘した。しかし、財務省はその後も、利用者一律2割負担化や「軽度者」の保険外しへの圧力をますます強めてきている。

2) 13項目の提言

　2009年6月、私たちは、「提言・私たちが期待する介護保険　2009年版」を発表した。そのなかで、基本的な考え方として、(1)認知症があっても一人暮らしでも希望する自宅で、また施設でも安心して暮らせる制度へ、(2)早期から終末期まで、切れ目ない支援体制を整備すること、(3)認知症があっても"笑顔"で生きられる支援体制を整備すること、(4)介護に従事する人材の育成と確保のために待遇改善を継続的に図ること、(5)暮らしを支え、生活を保障する社会保障制度へ、(6)高福祉を応分の負担で、を掲げ、具体的な改善提案として、以下の13項目を提言した。

①在宅で要介護4、5の人が支給限度額を超えて利用する場合は、全額自己負担ではなく介護給付を認める。

②必要な訪問介護の利用は同居家族の有無にかかわらず認める。

③認知症があると認められる場合には、要介護1以上の認定とする。

④若年期認知症の人が仕事を続けられるよう支援する体制をつくり、採用する事業体へは補助金を支給する。

⑤地域包括支援センターのすべてに「認知症連携担当者」を配置するなど、地域のコーディネート機関として充実させ、介護保険給付実務は業務からはずす。

⑥介護支援専門員が中立、公平を保つことができ、質を高め、専門性が発揮できる体制とする。サービス利用に至るまでの相談支援にも報酬を認める。

⑦介護従事者の賃金、労働条件の改善を継続的に図るために、利用者の負担を増やすことなく、必要な対策を講ずる。

⑧要支援1、要支援2も介護保険給付の対象とし、予防事業は一般財源で行う。

⑨療養病床の利用者には、制度の推移にかかわらず、現状と同等の必要な医療と介護を保障する。

⑩認知症の人の一般病院入院時に、ホームヘルパーの付き添いを認めるなど対応の改善を図る。

⑪すべての都道府県、政令市に「認知症コールセンター」が速やかに設置されるよう必要な措置を講ずる。

⑫小規模多機能型サービスが安定して運営できるよう、必要な措置を継続的に講ずる。

⑬地域の家族の会など当事者組織の活動への支援を強化する。

3) 初めての署名活動

しかし、「負担増・給付抑制」の流れは、その後も止まず、「社会保障・税一体改革」など官邸主導で、財政優先の社会保障改革が矢継ぎ早に進められ、消費税増税と負担増・給付抑制の道理に合わない流れが現実のものになっていった。

2014年に入り、要支援1、2の介護保険外し（介護予防・日常生活支援総合事業に移行）、特別養護老人ホームへの入居を原則、要介護3以上の重度者に限定する、利用者2割負担（年金収入280万円以上）の導入、介護保険施設の居住費と食費の負担補助制度（補足給付）の厳格化などの動きが明らかになった。この時私たちは、絶対に認めるわけにはいかないと、初めての署名活動に取り組み、短期間で9万筆近くを集め、厚生労働省に提出したが、改悪が決まってしまった。

2014年6月の「家族の会」総会アピールでは、「8万7000の署名は862万人の願いを代弁した。認知症の人の介護保険利用を保障せよ」と呼びかけ、「たとえ、法律案が成立したとしても、私たちは引き続き安心できる介護保険制度を求め、今回の後退を取り戻すために要望を続けます。また、当面は、改定された制度の中でも認知症の人とその家族が不利益を被らないように、認知症の人は少なくとも要介護1以上の認定となること、要介護1、2であっても特養入所の対象とすること、を求めます。（以下略）」と訴えた。

4 利用者・家族に重くのしかかる負担
—— 制度改悪による深刻な影響

1) 給付の削減をめざす介護保険

2015年末「家族の会」が行った制度改悪の影響調査では、深刻かつ切実な声が寄せられた（表8-3）。

介護保険制度は、20年を経過する中で、創設時の理念であった「誰もが必要な時に必要なサービスが受けられる」制度から、「いざという時に使えない制度」へと大きく変えられようとしている。本来、制度の目的は、「支援を必要としなくなる自立を目指す」のではなく、「必要な支援をすることで自立した生活の実現をめざす」ものであり、国家が国民に約束した制度である。しかし、今や、この約束とは全く反対の方向に進んでいるのである。

介護保険は、たとえ要介護状態になっても尊厳ある生活を保障するものであり、尊厳が保持されない「自立支援」は介護保険法違反と言わざるをえない。全国どこでも、必要なサービスが必要なときに、必要なだけ利用できる制度の充実によってこそ、本人も家族も、その人らしい生活を送ることができるのである。

2) 自治体、介護事業者を駆り立てる「成果主義」の導入

2017年4月からは、すべての市町村において、要支援の人の訪問介護、通所介護のサービスが、「介護予防・日常生活支援総合事業」に移行された。この仕組みを早くから導入した先行自治体の中には、公的支援の役割を否定するかのような、「卒業」を推奨する考え方を強調し、状態の改善をめざさないサービス利用を良くない例として示すところもあった。

また、社会保障審議会介護給付費分科会での介護報酬改定の議論で、

表8-3　制度改悪の影響調査

◆要介護3にならないと入所できなかったら2人で生きていけない

　　月2.3万円の負担増。デイやショートの利用回数を減らしたが、その分自分の時間がもてなくなりイライラが増えた。睡眠不足で自分の健康にも不安。特養への入所を考えていたが、要介護3にならないと入所は難しいと聞いている。入所できなかったら2人で生きていけない。(60代女性、夫を在宅で介護中)

◆在宅介護を支援するといいながら、全く逆の改悪をしたことに反対

　　本人がアルツハイマー病になってから8年余り、一貫して利用していた地域密着型の認知症デイサービスが、昨年9月に突然閉鎖となり、放り出されてしまった。慣れた施設で、やっと安定した状態になった矢先に施設を変えなくてはならなくなり、新しいデイサービスが見つかるまで、本人の精神的な動揺や私の不安と金銭面の負担増が非常に苦しかった。政府は在宅介護を支援するといいながら、全く逆の制度改悪をしたことに反対だ。(70代男性、妻を在宅で介護中)

◆本人や家族が死を選ぶことのないようにしてほしい

　　妻を介護している私も透析患者で、いつ入院になるかもしれないので不安。入所特例についても、詳しくわからないので働きかけもできない。要介護1でも入所できる制度に戻してほしい。本人や家族が死を選ぶことのないようにしてほしい。(70代男性、要介護2の妻を在宅で介護中)

◆今回の改定は、介護を続ける気力さえ失わせるもの

　　月8.2万円の負担増。2倍になり、ショックで体調を崩した。入所費用が払えないので、全個室の施設から多床室の施設に移ったが、それでも13万円かかる。不足分は、自分の給料から補てんしているが、このままだと家族の生活も破綻してしまう。施設に入所していても気の休まる時はなく、今回の改定は、介護を続ける気力さえ失わせるもの。(60代女性、若年性アルツハイマーで要介護5の夫が特養入所中)

◆財政難の名のもとの介護保険の改悪ばかりで、国民は不安しかない

　　月4.3万円の負担増。これ以外にも保険外負担がある。この先何年続くかわからない介護生活。夫の年金で生活していかなければならない。預金が底をついたら、自分の生活がどうなるか不安でいっぱい。それにしても、軽減措置を受けるためには、預金通帳のコピーを提出しなければならないというのは、高齢者のプライドを踏みにじるもの。申請を断念する人もいると聞いている。介護の現状を正しく認識して、今回の改定はぜひ再考してほしい。財政難の名のもとの介護保険制度の改悪ばかりで、国民は不安しかない。毎日のように特養を訪れて身の回りの世話をしているが、介護現場のマンパワーの質も量も乏しいことにショックを受けている。(60代女性、若年性アルツハイマー病で要介護4の夫が特養入所中)

出典：「家族の会」2015年調査。

地域差、個人差などを無視した「成果主義」の考え方が持ち込まれ、要介護認定率が下がった自治体や、利用者の要介護度を改善させた事業所に報奨を与え、そうでない場合には報酬を引き下げる検討がされた。こうした考え方は、介護が必要になった高齢者の生活の実態に沿っておらず、認知症など進行性の病気を持つ人にとって、要介護度の改善が求められることは、もはや虐待といっても過言ではなく、サービス利用からの排除につながりかねない。私たちは、認知症の人がサービ

ス利用を敬遠されるなど不利な扱いを受けることを強く懸念している。

　また、「自立支援」「重度化防止」に向けて成果をあげた自治体や事業者に財政支援（インセンティブ）を与えるといった政策は、自治体や事業者毎の介護度改善競争をまねきかねず、介護保険の理念や目的を大きく歪めるものである。

3）　生活援助への事実上の回数制限

　さらに、この年の介護給付費分科会では、訪問介護の生活援助について、財務省作成の「一カ月に 100 回以上利用している事例がある」との資料が示され、「過剰な利用だ」との意見が相次いだ。これに対し、委員のひとり、「家族の会」の田部井康夫副代表は、「認知症初期の人が在宅生活を送るうえで、朝昼晩一日 3 回、食事や服薬等の生活援助は、命をつなぐための基本的なサービスであり、自立支援に重要な役割を果たしている。介護の実態から見て、生活援助の報酬引き下げや利用制限は絶対に認められない」と強く抗議した。

　しかし、訪問介護の「生活援助」のケアプラン届け出の一部義務化は、2018 年 10 月からの実施が決まった。私たちは、2018 年の総会で「必要な人が必要なサービスを利用できなくなるおそれがあり、"自立支援"どころか重度化を招きかねず、サービスが受けられないというだけにとどまらず、人として当たり前の生活を送ることを保障する「生存権」すら侵されようとしている。人の命と生活を軽んじるような制度の後退を決して認めるわけにはいきません。国は襟を正して、政策の実施にあたり、生活援助の利用制限の撤回を含め、認知症の人と家族が安心して暮らせる制度を実現するよう強く求めるものです」と決議した。

　また、2019 年 3 月には、108 項目からなる「認知症の人も家族も安心して暮らせるための要望書（2019 年版）」を作成し、厚生労働省をはじめ関係省庁に届けるとともに、すべての政党に実現への協力を要

請した。

4） 原則 2 割負担導入の動き

2015 年の法改正で、利用料の 2 割負担が一定の所得の人に導入されたが、2018 年 8 月からは、ついに 3 割負担も導入された。また、2018 年 10 月の財政制度等審議会において、2021 年の法改正で「利用者負担を一律 2 割とする」とする財務省の考え方が示された。

2019 年 4 月、財政制度等審議会の分科会では、あらためて社会保障制度の「改革案」が示され、「小さなリスクは『自助』で、大きなリスクは『共助』で」と、「公助」はついに消えてなくなったのである。

これに対しても、「家族の会」は、7 月 1 日、「消費税増税の上に、原則 2 割負担導入は絶対に認められない～これ以上利用者負担が増えれば、生活も介護も立ち行かない～」という緊急アピールを発表した。その中で「この 2 割負担の導入が、たとえ制度の持続可能性や給付と負担のバランスの確保のためであろうと、どのような理由であっても、これでは私たちの生活と介護は立ち行かなくなることは明らかです。また、この秋に実施が予定されている消費税の 8% から 10% への増税分は、すべて社会保障に充てるとしながら、利用者の負担を倍にするというのは、全く道理にも合わないやり方です」と介護保険利用者の原則 2 割負担の導入は絶対に認められないとの声を上げた。

5） 介護保険の充実あっての認知症との共生社会の実現

この年の 6 月、「認知症施策推進大綱」の閣議決定にあたって、安倍晋三首相は、「認知症の人や家族の視点を重視しながら、共生と予防を車の両輪として取り組みを強力に推進する」と述べた。しかし、この「大綱」の中で、介護保険制度については一言も触れられておらず、掲げられている「共生」の理念と、利用者負担を増やし、支援のサービスを削減するという方針は、どう考えても矛盾している。本人・家

族への支援の要である介護保険の充実なくして、認知症とともに生きる「共生」社会は実現できないのである。

2019年9月、介護保険制度の2021年の次期改正に向けた議論を始めた「社会保障審議会介護保険部会」には、次のような、厳しい論点が示された。

○利用料2割、3割となる対象者の拡大

○ケアプランの作成費用などの自己負担化

○高額介護サービス費の自己負担限度額の上限の引き上げ

○施設入所者の居住費・食費の自己負担の引き上げ

○入所施設等の多床室の室料の有料化（現在、介護老人福祉施設以外は自己負担なし）

○要介護1、2の人の訪問介護・生活援助サービスの「介護予防・日常生活支援総合事業」への移行等

その後、政府は、新たに「全世代型社会保障検討会議」を設置、さらに、「財政制度審議会」は、あらためて「利用料原則2割負担」を求める改革案を示した。

12月16日の社会保障審議会介護保険部会において、2021年度介護保険法改正における、補足給付と高額介護サービス費に対する負担増案が示された。

補足給付の見直し案は、入所者については、年金月額10万円以上の人に対し1カ月の負担を2万2000円増やすというもの。また、ショートステイ利用者についても、収入額に応じて、食費を日額210〜650円を増額する案であり、少ない年金で何とかやり繰りして暮らしている人たちにとって、あまりにも酷な仕打ちだ。さらに2015年8月に導入された資産保有者を補足給付の対象から外す「預貯金等の資産要件」も、単身で1000万円超から、収入額によって650万円から500万円超に引き下げるという案だ。これによって、補足給付そのものが受けられなくなり、入所費用が一度に倍になる人も出てくることが予

想される。

　さらに、2割、3割負担導入時に、負担限度額の仕組みにより大きな負担にはならないと言われた「高額介護サービス費」の上限額についても、2年前に月4万4000円に引き上げたばかりなのに、今回さらに見直しを行い、年収に応じて最大3倍を超える負担となる案が示された。これらの負担増案は、事前に審議会委員にも示されず、審議会当日に明らかにされたものである。

　なお、審議会のとりまとめの意見書では、論点として提示されていた負担増・給付削減の項目のうち、多床室室料の負担増、ケアマネジメント有料化、生活援助の総合事業への移行、2割・3割負担の対象者拡大については、反対の声に押され、実施には至っていない。しかし、「引き続き検討が必要」と火種が残ったままの先送りであり、注視していく必要がある。

5　コロナ禍のなかの介護保険制度

1)　厚労省の理不尽な通達

　厚生労働省は2020年6月1日付で、事務連絡「新型コロナウイルス感染症に係る介護サービス事業所の人員基準等の臨時的な取り扱いについて（第12報)」を発出した。この通知の取り扱いをめぐり、利用者や介護の現場から戸惑いや怒りの声が多く上がっている。

　「家族の会」にも「3時間しか利用していないのに、5時間の利用料を払わなければならないのは納得できない」との訴えや、「利用者・家族は事業所の大変さを理解し、利用時間を減らして協力している上に、さらに利用料の負担増まで強いられるのはおかしい」などの怒りの声が届いている。

　この特例措置は、新型コロナウイルスの感染症対策をするデイサービスなどの事業所が利用者の同意を得た上で、実際よりも長い時間サ

ービスを提供したと算定して介護報酬を上乗せできるというものだ。しかも、臨時的な取り扱いとしながら、終了時期も示されていない。

社会保障審議会介護給付費分科会において、「家族の会」の鎌田松代理事は、「コロナ禍で大変な中、利用者の安全や健康を守るためにがんばって事業継続していただいている事業所には感謝の気持ちでいっぱいです。しかし、だからといって、利用者にその感謝の代償として、実際には利用していないサービスの分まで負担しろというのは、あまりにも理不尽です。また、それによって限度額を超えてしまえば、その分は全額自己負担となってしまい、到底、道理に合わないやり方であり、同意した利用者だけが負担増となり、同意しない人との不公平が生じます」と強く撤回を求めた。

「家族の会」は、コロナ禍の中で、介護サービスの有り難さを実感しており、事業者が感染症による減収によって閉鎖に追い込まれるような、「介護崩壊」が起こらないことを誰よりも願っている。しかし、今回、介護事業所が運営上大きな困難に直面せざるを得なかったのは、ひとえに新型コロナウイルス感染症の蔓延によるものであり、事業所の責任でも、利用者・家族の責任でもないのである。不可抗力による事態を、利用者に負担を押し付けて解消しようとするような今回の措置は、利用者と事業者の信頼関係を壊すだけでなく、介護保険制度への国民の信頼を揺るがし、国の責任を放棄するものと言わざるをえない。このような先例を絶対に作ってはならない。

「家族の会」は、直ちに、今回の特例措置（臨時的取り扱い）を撤回し、介護事業所の減収や感染対策にかかる経費等についてこそ、補正予算の予備費を使い、公費で補填するよう強く求めた。

2) 要介護者の介護保険外しに道ひらく、要介護認定者の総合事業移行

2020 年 9 月、厚生労働省が、市区町村が認めた場合には、要介護認定者であっても利用者が希望すれば、「介護予防・日常生活支援総合事

業（以下総合事業）」の対象とすることができるとする省令（介護保険施行規則）改正作業を進めていることが明らかになった。

　この改正は、要介護者の保険給付外しに道をひらくことが強く懸念される、きわめて危険な内容である。その理由は、①省令改正が、「制度の持続可能性」を名目に推し進められている介護保険の給付費削減の流れに沿ったものであること。そして、要介護認定を受けた人へのサービスを総合事業に移行することを可能にするだけでなく、要支援者が要介護の認定を受けた場合に、サービスを総合事業に留めておくことを可能にするものである。これは要介護者の保険給付外しの突破口であり、介護保険の受給権侵害につながるものとして、絶対に認めるわけにいかない。②利用者・家族の自由な選択が十分に尊重されるかどうか強い懸念があること。改正案には、まず「市区町村が認めた場合」とある。利用者・家族の意向よりも行政的な判断が優先される可能性を排除できない。また、「利用者が希望すれば」とされているが、どれだけ利用者・家族の自由意思が尊重されるかについても、懸念を抱かざるを得ない。「希望により」や「合意に基づき」という言葉は、容易に事実上の強制に転ずることがあることを、先の新型コロナウイルスに伴う介護報酬特例の適用にあたり経験したことは記憶に新しいところである。③「サービスの継続性」、「地域とのつながり」を維持するためとの理由は説得力を欠いている。現状でも、介護給付の事業と総合事業は同一の事業所により取り組まれていることが多く、事実上、「サービスの継続性」や「地域とのつながり」は保たれているケースがほとんどである。したがって、敢えて省令を改正する理由としてはきわめて説得力を欠くものである。④介護サービスは介護保険給付に一本化すべきであること。「介護給付」か「総合事業」かの議論が繰り返される根本的な原因は、介護サービスが細分化されていることにある。介護サービスは、介護保険給付として一本化すべきであり、特に、この課題は認知症の人にとってきわめて大きな問題である。「要介護1」

「要介護2」の認定者の大半は、身体的な機能としてはある程度自立している認知症の人が多い認定区分である。専門的なケアを継続して受けることにより、少しでも進行を遅らせ、現状維持を図ることが重要である。

　高齢者の増加とともに増え続ける介護給付費を焦点に、国は「制度の持続可能性」を強く打ち出している。したがって、介護サービスを一本化しない限り「要介護1、2の介護サービスの総合事業への移行」などの給付費削減策は、今後もあの手この手で進められることは明らかである。介護サービスの細分化により、利用者・家族にとっても、また、困難な中で介護に取り組む介護労働者や事業者にとっても、そして市区町村にとっても、問題点が山積となっている。国は早急に介護サービスの一本化への検討を始めるべきであり、それに逆行する今回の省令改正を即座に撤回することを求める。

おわりに

　「認知症サポーター養成講座」の受講者が1200万人を超え、「認知症施策推進大綱」の策定、「認知症基本法案」の国会上程と、認知症の人と家族にとって、明るい未来が見えるようだ。しかし、足元を見れば、日々の暮らしの支えとなる介護保険制度は、「持続可能」の名のもと、「負担増・給付抑制」が相次ぎ、認知症において最も大切な初期の支援は地域に委ねられ、重度に特化する方向に向かっている。掛け声と現実の隔たりの大きさ、私たちの不安はそこに根ざしている。

　介護保険制度ができて20年、日本国憲法が示す社会保障の理念に立ち返り、とりわけ憲法第25条に明示された国・自治体の責務を果たすよう、当事者・利用者として、これからも声を上げ続けていかなければならない。

注

1　京都大学医学部創立百周年記念施設。

参考文献

認知症の人と家族の会『提言・「こうあってほしい介護保険」』クリエイツかもが
　　わ、2008 年。
高見国生『認知症家族―つながれば、希望が見えてくる―』岩波書店、2011 年。
認知症の人と家族の会「理念と未来を考える学習会テキスト・その理念、歴史、実
　　績を学ぶ」2018 年。
「家族の会」会報＝「家族の會」「老人をかかえて」「ぽ〜れぽ〜れ」1980〜2020 年。

在宅で働くホームヘルパーにみる
介護保険の矛盾
— 「生きる」のも「逝く」のも自分らしく —

藤原るか

はじめに

　全世界が巻き込まれたコロナ禍での混乱が、さまざまに生活のなか
で続いている。仕事柄、自粛はできず、エッセンシャル・ワーカーな
どと新しい名称で呼ばれだした在宅の現場労働者だ。介護保険下の名
称は「訪問介護員」（以下ヘルパーと記す）からみた、要介護状態に
ある方の「暮らし」やヘルパーの労働実態は、生活の様子を知るとい
う点で重要である。コロナ禍のなかで「自分らしくふつうに暮らす」
という日常を、継続的に支える仕事が改めて浮き彫りになったからだ。
マスクを付けながらのケアは「ヘルパーって、こんなに話すことが求
められている仕事だと、思い知らされた！」と、実感をもって語られ
ている。本章では介護保険20年の現場を、ヘルパーの実践を通じて
明らかにし、誰でもが高齢期を迎える当事者として「介護もある暮ら
し」について、ともに考える機会になれば幸いである。

1　「在宅」重視といっても（騙されやすい私たち）

　介護保険導入時には、さかんに「家族が介護する」から「社会が介護

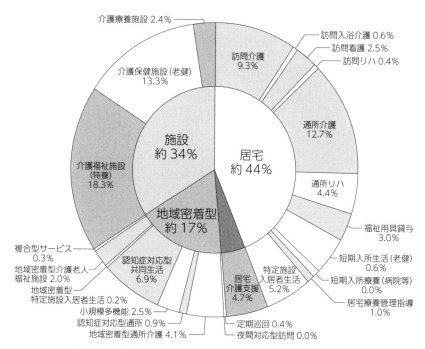

図9−1　総費用等における提供サービスの内訳と割合（2017年度）

注1：介護予防サービスを含まない。

注2：特定入所者介護サービス（補足給付）、地域支援事業に係る費用は含まない。また、市区町村が直接支払う費用（福祉用具購入費、住宅改修費など）は含まない。

注3：介護費は、2017年度（2017年5月〜2018年4月審査分［2017年4月〜2018年3月サービス提供分］）。

出典：厚生労働省「2017年度介護給付費実態調査」。

する」に変えていくのだと「介護の社会化」と報道されてきた。政府は導入当時から「在宅」重視のシフトチェンジだと宣伝してきた。介護保険20年経過した、予算割合を円グラフから実態をみていく（**図9−1**）。

　高齢者の増加で10兆円を超える規模まで膨らんでいる介護保険予算。国は常に国民の要望に応えているかのように、円グラフの資料を使って「在宅」は6割「施設」は4割と分析し、さも、在宅を重視して予算配分をしているように発表している。

この予算配分表を目にすると、「在宅3本柱はどこへ行ったのか？ヘルパーの費用は10%を切っている！」と驚きの声が上がる。

　介護保険導入以前にさかんに語られた消費税導入政策1990年、同時にスタートした「ゴールドプラン」「新ゴールドプラン」「ゴールドプラン21」のなかで、ヘルパーは「在宅3本柱」の一つといわれ、在宅ケアの中心的存在で、それを自負して働き続けている。しかし、現在の訪問介護（ヘルパー）への予算配分図では、トップ項目には挙げられているものの総予算の9.3%で1割にも満たない。訪問介護の予算を追うと、この20年間、一貫して予算縮少、給付制限路線が徹底されている結果がこの円グラフである。

　厚生労働省が行う、国民生活基礎調査（2019年）では、望ましい在宅での介護形態の質問事項のなかで、仮に自分自身が老後に寝たきりや痴呆になり、介護が必要となった場合に、自宅で介護されるとしたら、どのような形の介護をされたいかを聞いた設問がある。

　「家族だけに介護されたい」と答えた者の割合が12.1%、「家族の介護を中心とし、ホームヘルパーなど外部の者も利用したい」と答えた者の割合が41.8%、「ホームヘルパーなど外部の者の介護を中心とし、あわせて家族による介護を受けたい」と答えた者の割合が31.5%、ヘルパーのみ9%を合計すると82.3%が在宅介護を希望している。

　在宅で気ままにヘルパー等の介護を受けて老後を自宅で過ごしたい、という国民の願いは20年間変わらなかった。多様なサービスの導入を計って、次々と導入されたサービスは、政治的に力のある圧力団体か多額な政治献金が可能な業界団体という背景があることも見え隠れしている。医療関連の予算配分は10.7%になっている。

2　生活とプランのずれ

　ヘルパーからみると、他人が「快適な暮らし」のプランを立てるの

は簡単ではないようにみえる。現場でよく出会うプランの例では、杖や歩行器、介護用のレンタルベッド等、福祉用具を導入し、日中はデイサービスに通い、安否確認も含めてヘルパーを空いた日に入れるプランを組むのが一般的である。福祉用具でいえば、毎月のレンタル料金は品物を購入できる何倍ものお金を業者に支払う仕組みになっている。手や体に慣れ親しんだ使い勝手が良くなってきたかという時期には、新しいものと交換されていくのである。使い勝手が悪かった物ならいざ知らず、ケアマネジャーにたずねると「プランの変更がないことが問題視」されるとのこと。生活の状態が安定している要介護者のプランは変える必要がないはずで、ケア本来の目的、安定した生活から離れ、介護保険は消費や経済的効果を優先させるシステムとなっていることが現場のヘルパーからはわかる。

　ケアマネジャーが届ける「サービス計画書」に費用明細が出ているので毎月の支払金額は明確で、明細書に目を通しながら、日本の介護費用全体について考えるチャンスがそこにはある。明細書の金額を社会的課題につなげるソーシャルなケアマネジメントに期待したいところである。

　私たちヘルパーの場合はどうか。生活の継続のためには、ご自身の判断による「日々の生活のプラン」の判断の基準や分析を、ともに行うことが必要で、そこに訪問の意味があると考える。しかし現場は、訪問時ご本人の希望について話し合う時間はなく、短時間で分単位にプランニングされた内容で行われている。プランに記載がない急な依頼について、当事者からリクエストされても、プランにないことを理由にお断りせざるをえず、次回までにサービス提供責任者やケアマネジャーと相談して来ます、などといった対応となる。制度に沿って実践しようとすればするほど「使い勝手の悪いヘルパー」と言われる。そんな縛りのある制度の目的が尊厳や自立支援であることに、疑問を抱かないヘルパーは少なくない。

表 9-1　筆者のある日の勤務状況
（2019 年）

利用者宅訪問時間	生活援助	身体介護
9:00〜10:30	60 分	30 分
11:00〜11:45	45 分	
12:40〜13:40	30 分	30 分
15:30〜16:00	※当日キャンセル	
16:00〜16:45	45 分	
17:00〜17:45	45 分	
合計時間	225 分	60 分

注：夜勤を含む施設での介護の日もある。

　実際の生活にはちょっとした見守りやサポートが有れば安心である。「明日になったら、目が覚めないかもしれない！」と笑っておっしゃる高齢者の生活を、言語・非言語のコミュニケーションを通じて、明日、1 週間先、1 カ月先、1 年先の生活をともに創造する実践の現場に、介護保険は制度改定のたびに「短時間化で費用負担を抑える」と「効率」という時間軸を持ち込み続けてきた。2006 年から強引な調査を入れ、生活（家事）援助は平均すると 1 つ 15 分単位の組み合わせ 3 つ（例えば掃除と洗濯と買い物）を加えると 45 分で終了するから、その時間内で訪問せよ、との屁理屈のような理由を立てて、ヘルパーに短時間のケアを押し付けてきている。短時間での労働の様子は表 9-1 を参照されたい。国は生活の基本である、「自分らしく暮らす」という権利のありようについて、深くとらえることはなく「誰でもできる」と無資格者、ボランティアへの道をさらにねらっている。

　生活の質の向上は日々の生活の現場を直接知る担当ヘルパーこそ、包括ケアシステムの「ケア会議」等に参加できるチャンスが必要だが、ほとんどの事業所が「介護報酬がつかない」という理由で、チームケアへの参加という基本的なチャンスを奪っている。ケアに関連したことであっても、訪問現場以外には、介護保険の報酬が付かないというのは、20 年間変わっていない。ケアの質が上がらない、ばかりか下がっているといわれる一つの要因ではないだろうか。

1) 現場ヘルパーのジレンマ
―「本人らしい暮らし」をサポートできない

　コロナ以前の国民の不安事の一つは、2025 年には高齢者 65 歳以上
人口、5 人に 1 人、700 万人が発症するといわれている認知症だった
（2017 年度『高齢者白書』）。認知症ケアはゆっくり、ゆったり穏やか
な環境と当事者の理解に合わせた生活上の判断を継続するということ
が有効とのエビデンスがでている分野だ。しかし、実際のケアの現場
では政府の立てる「生産性と効率性」の方針によって、真逆な対応で、
短時間で最低限必要なことをするプランとなっている。合意や納得と
いうコミュニケーションに時間が取れないなかでケアをする。自立し
た生活を支援するという前提ができない、矛盾の大きな現場となって
いる。

　以下「生活（家事）援助」の、都心部での訪問現場の様子をみてい
ただきたい。

　山田さん（仮名）は 85 歳、要介護 1。彼女のプランのなかで「買い
物」は生活の継続には重要で、「5 分ぐらいは台所に立てる」と調理
がお好きだからだ。本来、買い物は「ご自身の目で見て、好みの品物
（鮮度や値段）、自宅にある在庫や食事メニューや経済力等との関係を
勘案して購入を決断するという、連続した高度な生活行為」だ。この
判断基準は人それぞれで、その基準にサポートが安定して入ることこ
そ「本人らしい生活」暮らしの継続にとって重要なことだとヘルパー
は思うのである。しかし、プランの基本は 15 分単位の評価で、個別の
生活課題には対応しない。一緒に買い物どころではなく、さまざまな
品物の購入希望、例えば、地域にあるおなじみの豆腐屋さんの「絹ご
し豆腐」のリクエストについては NG。地域の昔なじみのお店の味に
それぞれ行っていては 15 分ではとても終わらないからである。

都市部では隣にある「コンビニのなかから選ぶこと」と言い渡され、「他のお店に行く場合は自費対応で！」などというプランがまかり通っている。政府は買い物・調理・洗濯等の生活援助行為は1行為15分平均というデーターを元にプラン時間を縛ってきた結果なので、「地域包括ケアで生活の継続」という大仰なことをいっているが、在宅現場では「好きなものを買って食べる」生活の基本が許されていない。自分らしさという尊厳が守りたくても守れない政策が打ち出され、実行されている。

　さらに「効率」を上げるため、2014年改正法では、要支援（軽度）は地域総合事業に移した。この政策は2018年3月末までに移行が完了した。地域総合事業は週当たりの訪問回数を要支援1なら週1回。要支援2なら週2回〜3回と特別な場合を除いて、回数についても制限されるだけではなく、報酬も2割〜3割減らした額となっている。そのため、ヘルパーらしさ（専門性）が一番発揮される「生活援助」を、1980年代の「主婦ならだれでもできる仕事」というボランティアのところに逆戻りさせた施策を堂々と打ち出している。

　さらに2021年制度改定では、コロナ禍のどさくさに紛れてか、2020年7月31日の全国介護保険担当課長会（厚生労働省）で出された、「自治体の判断で総合事業を利用している人が要介護状態になっても、本人の希望を踏まえて地域と繋がりを継続することを可能とする観点から」との質問に端を発し、市区町村が認めた場合には、「継続して総合事業を利用しても良い」として考え、パブリックコメントを2020年8月25日〜9月23日を実施した。これは要介護5までの「生活援助」については、地域総合事業でも対応も可能であること、支え手に無資格に近いボランティアを考えている点など、驚くべき内容がこの原稿を書いている間にも進行している。

　パブリックコメントに書き込んだ筆者の文章を一部紹介する。

　「総合事業の支え手として、各自治体は短期間（平均1〜3日）でヘ

ルパー養成が行われているが、支え手として考えられているのは現役を引退したシルバー世代の60代、70代である。例えば筆者の所属している事業所のある、東京三鷹市（人口18万6382名、高齢化率21.2％、2015年10月1日現在）の場合、市で養成された認定ヘルパー（自治体によってさまざまな名称で呼ばれている）の人数は100名。実際に訪問介護事業所に登録をして活動した方は2割～3割である。現場に出るとさまざまな規制のある『介護保険』のなかでは、やりがいを見いだせず、高齢であることから体に支障をきたす方が多いのが現状だ。

　しかも短期間で養成されていることから、事業所としては訪問同行や技術指導を行うという負担が大きい。市の総合事業の対象者は500名。養成しても先が見えないシステムに活用以前に『制度が終わっている！』と事業所からは不評なだけでなく、今後、全国課長会で話題になったことから、通達で総合事業のヘルパーが要介護1～5までを使えることにしていくことを考えた場合（2021年4月施行予定）労働環境が整っていないことから、国を相手に裁判をおこさざるを得ないほどの現場に、ボランティアという労働者性がさらにあいまいで、事故などのリスクが大きな問題となる。国民生活の質を公が責任を取らず『事業所に責任を押し付けて』いく介護保険は、相互扶助さえ果たせない状況に、ますます陥っていくことを指摘せざるをえない。

2）　現場ヘルパーのジレンマ
― 労働安全衛生が守られてない

　コロナ禍の上、この夏の異常な酷暑のなか、短時間で余裕のない炎天下の移動を考えていただけるだろうか。ヘルパー自身も毎日、軽い熱中症（夕方には頭痛や吐き気がする、夜間に発熱する状態等）と闘いながら、息つく余裕なく移動して活動している（表9−1参照）。

　街ですれ違う、建築労働者は32℃以上に外気温が上がった場合は、休息をとることが安全衛生法で義務づけられている。40℃以上は作業

停止だ。支給されている衣類も扇風機付きなど体感温度を下げる工夫がされている。安全衛生の基準を守る努力が見て取れる。ヘルパーの働く現場はどうだろうか。命に係わる暑さ、住環境のなかに当事者もケア労働者も居る。熱中症で 2020 年 8 月に亡くなった東京都の事例では、187 人中 95％ がエアコン使用なし、その内 65 歳以上の高齢者が89％ という報道（2020 年 9 月 4 日 NHK）があった。このような住環境のなか、ヘルパーの自己犠牲だけが求められる仕事は法律上にも問題があるのである。

3) 現場ヘルパーのジレンマ
― 家族介護者を支援できない

今回のコロナ禍で労働環境が変わって、リモートワークの継続希望者が多数出ているということが話題になっている。継続希望者のなかに介護や育児を抱えている労働者がかなりの割合でいるのではないかと、ヘルパーは予測している。なぜなら、現行の介護保険では「同居家族がいる場合の生活援助」はプランニングできない、という判断の自治体が多いからである。

連日、深夜まで働いている家族介護者に対して、土日にまとめて掃除や買い物をするように伝え、床に埃が浮いているお宅へ、おむつ交換のためだけにヘルパーが訪問する場面を想像できるだろうか。根本にあるのは、国民生活実態への不理解である。

国民生活実態調査（厚生労働省、2019 年）等のデーターからみても家族構成が大きく変わってきており、単身、または老々の高齢者世帯を 40 代〜60 代の働き盛りの子どもたちが、同居または通いながら親の老後を支えている（「仕事と介護の両立に関する労働者アンケート調査」厚生労働省、2012 年度）。

介護保険の不備は、年間 10 万人の介護離職者を出し続けている。この点も、ドイツや韓国にはある、家族介護手当等の現金給付も含めた、

制度設計が必要となっている現状がある。最近、発行部数14万部のシニア雑誌『ハルメク』の調査（2018年）では親の介護費用負担額が平均月額7万3000円といった金額が出てきている。こういった状況は介護度で縛られている低い「支給限度額」と「給付制限」からくるものである。しかも支給限度額についてこの20年間論議が少ない介護保険審議会は、ヘルパーとしては不思議だ。

4）現場ヘルパーのジレンマ
― 利用回数の制限は命の制限

　以下は、筆者が月1回、婦人民主倶楽部の機関誌に連載している「ヘルパーの日々」というコラムからの抜粋。

　・「ヘルパーの日々」『婦民新聞』1580号掲載、2019年5月

　「この国は大丈夫なのかい？」とヘルパーに聞く平田さん（仮名）は89歳。一人暮らし。入院の都度、要介護1〜2への介護度が行ったり、来たりして10年が過ぎた。90歳を目前にして意気盛ん。「長生きはするもんじゃないと思っていたが、心配で死ぬこともできない」とお笑いのような口ぶりでヘルパー相手に軽快に話す。1週間前に尿路感染症で熱が出て入院。退院してきたばかりだ。「政治家は嘘つきと相場は決まっているけれど、官僚が嘘をつき始めたら、国の体をなさないからなァ」と震える手で新聞を読み「もっと、テレビの音を大きくしてくれ」と言う。どこまで聞こえているのか？　試しにボリュームを70まで上げた。どうやら難聴にもなってきているようだ。テレビでは、やっと実施された証人喚問が始まっていた。「証人喚問まで命がもって良かったけれど……はっきりいわないなァ」とつぶやいて「入院中は新聞もテレビも自由に見られないから、施設なんて御免だと毎度思うけれど、これもヘルパーさんが来ているからだ」とそんな風に言われると、施設で働いている仲間には悪いが、ヘルパー冥利に尽きる。しかし、平田さんのように、毎日、服薬や食事をセットすること

で訪問する場合は問題がある、突然、厚労省が言い出した。1回の訪問時間は今でもわずか45分。今年（2019年）の10月からは生活援助中心プランで、「月27回以上」は届け出制にするという。言い出しっぺは、書類の改竄もやる財務省。理由は単純。統計上「異常」だからだとの見解。早速、厚労省に圧力をかけ、全国の自治体に「いかがなものか？」と問い合わせたが、98％の自治体が「訪問回数は妥当だ」との回答。にもかかわらず、ヘルパーの訪問で生活を維持して「ふつうの暮らし」を送ることが気に入らないというのだから、人権という考え方がまるでないし、抵抗できない。厚労省も超高齢社会への覚悟が感じられない。

　とうとう介護サービスの運営基準を改定し、「厚生労働大臣が定める回数以上の訪問介護を位置づける場合は、サービス計画に、必要な理由を記載すると共に、市町村に計画を届け出ること」がケアマネジャーに義務づけられた。友人のケアマネジャーの話では、今まで32のケースがあったが、この改定で2ケースまで減ったそうで、財務省のいう給付抑制がしっかりかかっている。税金は暮らし、社会保障の充実に使うという政策に一刻も早く切り替える必要がある。

　だいぶおおざっぱな計算だが、朝・昼・晩の1日3回の訪問でヘルパーが1時間、わずか10日間の訪問を続けると、要介護度5でも支給限度額がオーバーとなるのである。残る20日は全額自費での訪問となるという具合で、ひと月にかかる介護費用は平均約50万円だ。とても6万5000円の低年金で暮らす多くの人には手のでない金額である。因みにオランダの介護段階は10段階で、介護度10の支給額は日本円で50万円[1]。

　今後、改定される介護保険では限度額は検討されないばかりか、「混合介護」という名目で家族介護者への支援も「自費」で実施できるとし、定額の介護保険給付で運営されている事業所への活路として提案されている。自費分野での事業を増やすことで活路があるのでは、介

護に自己責任を持ち込んで、経済格差が介護格差にもつながる。憲法
25条からますます離れていくシステムが介護保険を糸口に拡大されて
いく、危険な状況が介護保険20年で進められているのである。

5) 現場ヘルパーのジレンマ
― 労働環境の未整備が続いている介護保険20年

　2019年11月に筆者たちヘルパー3人と弁護団で裁判を起こした。現
在の在宅介護が有効求人倍率15倍（厚生労働省、2020年）の「人手
不足」に加え「労働基準法」（移動・待機・キャンセルは賃金）とい
う、最低の基準も守れない最悪の労働環境となっているのは「介護保
険法」に原因があり、国はその責任を長年、事業者に押し付けて逃げ
ているという点を「規制権限の不行使」だとして国を相手取り訴訟を
起こした。

　証拠として提出し、争われる未払い賃金の明細は、拘束時間が長い
にも関わらず、支払われていない不払い労働があるという事実を証明
するもので、7割が直行・直帰型の登録型ヘルパー（ホームヘルパー）
という働き方は、表9−2にあるように短時間労働者である。その労働
時間は表で明らかなように1日当たり3.6時間となっている。しかし、
移動・待機時間は労働時間としてカウントされないので、拘束時間に
かかわらず不払いとなっているのが実態だ。

　原因は訪問時間のみの「出来高払い」という、介護報酬の仕組みに
問題がある。1訪問が45分と短時間となった最近では、プランに無理
があることから、10分、15分と延長となり、さらに無給のボランティ
アケアが常態化している。

　この20年間、ヘルパーの善意に甘え続け、労働環境は変わらず、「権
利として自分らしく生きる、暮らしの継続」は支え手不足でますます
困難となっている。在宅ケアを柱にした地域包括ケア等は絵にかいた
餅にしかならない（表9−2参照）。

表 9 - 2　短時間労働者の職種別労働実態（2018 年）

職種区分	平　均年　齢（歳）	実労働日　数（日）	1日当たりの所定内実労働時間数（時間）	1時間当たりの所定内給与額（円）	労働者数		
					（十人）	男（十人）	女（十人）
看護師	48.6	14.6	6.0	1,733	15384	336	15048
保育士（保母・保父）	46.6	16.4	5.6	1,108	8778	95	8683
介護支援専門員（ケアマネジャー）	54.6	16.4	6.2	1,486	900	41	859
ホームヘルパー	57.7	15.9	3.6	1,447	12736	780	11956
福祉施設介護員	52.5	15.7	6.1	1,125	29552	3806	25746

出典：厚生労働省「平成 30 年　賃金構造基本統計調査」をもとに筆者作成。

　表 9-2は、支え手不足の要因が、暮らしの状況を分かっていてもサポートできない、短時間の細切れのシステムと「出来高払い」で労働環境を顧みない、根本を変えずに来た介護保険の 20 年のシステム構築に問題があることがわかる。

3　国賠裁判で現場の状況をアピール

　筆者は、月々の収入が不安定（平均 1 万円～8 万円と変動する）で、60 歳になるまでに 28 年間ヘルパーとして勤めたが、22 年 3 カ月分しか年金を掛け続けることができなかった。遡って支払うこともできず無年金になると思っていた年金が、民主党政権の中で 10 年短期年金制度ができたことから 63 歳までの老齢基礎部分の年金が遡及して支払われることになった。

　これによって、裁判の初期費用ができ、2019 年 11 月 1 日に東京地裁に「国家賠償請求」の裁判をヘルパー仲間 3 人で起こした。移動・キャンセルや待機時間に賃金が支払われないことは、労働基準法に違反しており、最低の労働環境のなかで働き続けさせられているのは、介護保険制度に問題があるからだとして、国への訴訟を提起した。介護保険 20 年「もはや個人の努力、事業所の努力では乗り越えられない

ところにまで来ている。介護労働者の雇用環境を守らなければならない」という切実な思いからである。当初は門前払いになるのだと予測したが、すでに3回公判が開かれ、多くの方の傍聴があった。

現在はコロナ禍で裁判が延期されている間に「ホームヘルパー働き方アンケート調査」で、現場分析を証拠として提出する準備を進めている。以下一部を紹介したい[2]。

1) ホームヘルパー働き方アンケート調査

アンケートは2020年7月～8月31日にかけて、インターネットで呼びかけ、集められたアンケートの内、インターネット回答の394件の労働実態である。アンケートの内訳は女性が84%、非正規比率70%、ヘルパー歴10年以上が46%であった。

リアルな数字は実態を反映している証拠で、今後、ペーパーで郵送されてきている約300件を加えて、改めて年末までに報告書を出す予定である。

1 利用者宅への移動手段

利用者宅への移動手段は自転車（45%）が最多（図9-2）。また複数の利用者宅を訪問する際に発生する待機時間に対して給与が支払われている人は24%にとどまり、70%が支払われていないという結果

	選択肢	回答数
	徒歩	28
	自転車	178
	電動自転車	42
	自動車	128
	自動二輪車（バイク）	18

図9-2　アンケートQ12「利用者宅へのあなたの移動手段について、
主なものをひとつ選んでください」

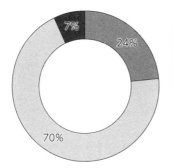

選択肢	回答数
支払われている	93
支払われていない	274
わからない	27

図9-3　アンケートQ15「待機時間に手当・給与は支払われて
　　　　いますか」

である（図9-3）。支払われている人は正社員比率と重なるため、非
正規の場合、待機時間に対する時給はほぼ支払われていないと考えら
れる。仕事が細切れで「待機場所がないことを負担に感じる」と答え
た人は55%にのぼっており、待機時間は自宅や事業所に戻る人に加え、
図書館や公園などの公共の場所、喫茶店などの商業施設で過ごす人が
それぞれ4割程度である。

　「悪天候の日の移動が大変。かっぱの脱ぎ着やバイクの運転が負担」
（30代・女性）、「コロナでコンビニのトイレが使用不可になり、非常
に困った」（50代・女性）という切実な声もあった。また高齢者の場
合、体調不良により訪問がキャンセルされることもよくあるが、57%
は手当が支払われていないと回答している。

　非正規ヘルパーの多くは個人請負のように、実際に介護を行った時
間しか給与が支払われていない現実が明らかになった。

2　移動時間の賃金換算

　移動については支払われていない33%。手当として「支払われてい
る」との回答が多く、62%に上っているが、実際の内訳はさまざまで、
ここに図表化できないのが残念である（図9-4）。多い回答は「時給
に組み込まれている」というものであるが、厚生労働省が何度も通達
を出しているが、実際は労働時間として時給換算している事業所が少

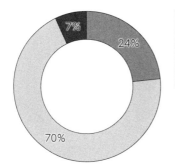

選択肢	回答数
支払われている	244
支払われていない	131
わからない	19

図9-4　アンケートQ13「移動時間に手当・給与は支払われて
　　　　いますか」

ないことが逆に明らかになった。1件に付き5円〜最高でも250円である。全国平均の最低賃金902円（2020年）で計算しても、賃金計算して20分である。また、賃金として支払っていると豪語している大手事業所でも、グーグルマップでの直線距離の移動分だけで、15分〜20分かかる距離の場所でも2〜3分の時給がでている、というのが実態である。人間らしい暮らしの継続を目的としている福祉領域に「出来高払い」を導入した介護保険は、介護労働のすみずみまで事業維持のために最低の労働さえも保証できない仕組みになっていることがわかるのである。

3　感染対策への負担重く

アンケートではコロナ禍における仕事の状況についてもたずねた。収入の増減については、変わらない65％、増えた8％、減った22％。感染リスクからヘルパーを断る利用者がいて仕事が減った一方、みずから休業した高齢のヘルパーの穴埋めをすることになり、仕事が膨大になった人もおり、状況はさまざまである。

コロナウイルスへの感染症対策については8割が負担であると答えていた。また6割が手袋やマスクなどについて「足りなかった」と答えており、ドラッグストアに並ぶなどして自分で調達した人も多かったと回答されていた。

一方、「事業所等でのコロナウイルス感染対策の研修を受けた」と答えた人は37％、研修自体がなかった人が46％。もともとの人手不足に加え、コロナによる混乱で研修を実施する暇もなく現場に行かざるを得なかった人が多かったことが推測されます。

　自由記述欄には「常にマスクというのが本当にしんどい」（50代・女性）、「ヘルパーは検温するが、利用者はしない。利用者が高熱を出した時は本当に怖かった」（50代・女性）、「自分が感染源にならないか不安。PCR検査を頻繁にやって安心して訪問できるようにして欲しい」（60代・女性）などがあった。

4　セクハラ・モラハラの実態

　アンケートでは利用者宅でのセクハラやパワハラについても聞いていた。1対1の労働環境では40％が利用者からのセクハラを、45％がモラハラを経験したと回答。本人からだけでなく利用者家族からのモラハラも2割程度あった。

　「性的な誘いや発言をされることがある」28％、「自分の外見を評価されることがある」40％となっており、利用者のなかにはセクハラが常態化している人がいることもうかがえる。「背後から抱きつかれた」「たびたび手を触ってくる」といったものに加え、「胸の大きさや体型の話などをしてくる」「卑猥な写真を見せられた」などもある。

　一方、「どなられることがある」と答えた人が40％を超えており、75％が「制度上できないケア」を求められ、困惑したと答えている。ハラスメントについては事業所も対策を取っているが、個人宅で一対一になることが多い現場では、そのリスクが高いことがうかがえる。

　また、分刻みでいくつもの仕事をこなさなければならないため、6割近くが「常に業務に追われている」、4割近くが「利用者と十分に話す時間がない」と感じていることもわかった。

5　それでもやりがいを感じている

　アンケートでは、ヘルパーの置かれた厳しい現実が浮き彫りになっ

ている。「やめたいと思ったことがある」が5割を超えている一方、6割が「仕事にやりがいを感じている」と回答しており、その複雑な心境がうかがえる。

　「自分の体力や家庭の事情を考えながら、できるあいだは困っている方のために続けたい」（50代・女性）、「やりがい搾取のような国のやり方に絶望しているが、仕事を通じての出合いや交流に支えられている」（50代・女性）。

　仕事に対する責任感、利用者との関係性があるから、悪条件でも続けているという回答が多くみられた。また専門性が高い仕事であるにもかかわらず、正当な評価がされないことへの憤りもあった。

　「命を守るための仕事なのに、あまりにも軽んじられている。これではやっている介助者たちも誇りやモチベーションをどこに見出したらよいかわからなくなるのでは」（50代・女性）、「効率を求められるが、介護現場に無駄などなく、短い時間で多くの仕事量をこなすには、息を切らし必死に動き回るしかない。朝から晩まで仕事に追われているのに賃金が安い。ヘルパーの自己犠牲で成り立っている」（60代・女性）。

6　介護職の未来を危惧する声も多数

　「利用者や仲間に負担がかかるから休暇申請が出せない。健康や精神衛生上良くないが、ヘルパーの人数が圧倒的に少ないからどうにもならない状態が続くだろう」（40代・女性）、「介護報酬制度が代わり、サービスも細切れで、利用者さんとのコミュニケーションの時間が減ってしまった。利用者さんに寄り添いながら働ける環境、若い人が入ってこられる環境を作らなければならない」（40代・女性）。

　介護現場の切実な状況が伝わってくるものばかりだ。現在、ホームヘルパーの求人倍率は15倍。つまり1人に対し15の求人があるほどの超人手不足状態が続いていることになる。このままホームヘルパーの厳しい労働環境が続けば、ヘルパーになる人はさらに減り、介護現

場は確実に崩壊する。誰にとっても他人事ではないはずである。

4　公務員化への道

　1955 年にイギリスから伝わったといわれるヘルパーのシステムは、65 年という歴史を積み重ねて、体系づけられている。1990 年代に公務員ヘルパーとなって 30 年が経過した今でも、ケアの対象が「生活全般」にわたることと生活は個々人個別のプライバシーにかかわる内容で、現場の実態は伝えにくいといわれてきたことは変わっていない。その点を理解できない介護保険の 20 年は、現場との乖離を進め、離職を加速させた。

　筆者は 30 年間の実践経験から在宅でのヘルパーの仕事を次のように整理している。①必要に応じて、1 対 1 の関係で、24 時間、365 日、継続的に実施される。②介護者それぞれのセクシャリティも含んだ関係で、協働が求められる。③約 7 割の方に認知症状がみられる。④経済的な貧困とも向き合う。⑤「家事支援・援助」なくしては成り立たない。在宅ケアは専門的な視点抜きに行えるものではなく、まして「誰でもできる」ものではないことを繰り返し伝えたい。今、改めて公務員化への政策転換を行うべきである。

　筆者が公務員時代の人件費補助の総額は約 1 兆円である。利用人数が 3 倍に増えたといわれ、介護保険 20 年たった現在は 10 兆円産業規模といわれながら、訪問介護分野への予算は 1 兆円を切っているのだ。この介護予算配分から考えても、介護保険システムの給付がどれほど貧しく、国民の要求に応じていないことがわかる。老後の生活の基本を支えるシステムではなかった、という事実が介護保険 20 年の検証結果である。急がれているのは、「誰でもできる仕事」としてではなく、住民生活に責任をもった専門性のある仕事、公務労働としてヘルパーの公務員化への転換である。

熱中症で死亡した多くの高齢者のなかには「エアコンがあってもつけていない」事例がある。その原因はさまざまだが、暮らしをともに創造する視点で、経験を積んで鍛えられたヘルパーが、地域を定期的に巡回することができる公務員ヘルパーの働きぶりは、「民間だったら３人雇える」と批判されていたが、筆者の所属していた福祉事務所は30名の公務員ヘルパーが65歳一人暮らし世帯（当時、2500ケース）の巡回を訪問の間に続けていたのである。エアコンの使用状況「暖房になっていないか」等、プライドを傷つけずに気軽に声を掛けられる。生活はちょっとしたことの積み重ねであり、その継続のために当事者として培われてきたご自身の人生、プライド（尊厳）がある。その点、人権を守ることは「相互扶助」の介護保険の予算からではなく、ヘルパーの人件費は全額税金から出す必要がある。

　とくに緊急対応策として、ここに明記したいのは「サービス提供責任者の人件費から実施する」べき、ということだ。ヘルパーの有効求人倍率は15倍だが、サービス提供責任者の有効求人倍率は50倍というデーターもでているほどだ。介護慰労金などの現金の配布や、処遇改善加算を付けて、その費用を利用者負担に乗せるなど、小手先の対応は今すぐやめ、労働環境を安定させ公務で業務に当れる職業にするという、根本的な課題に向き合うべきである。

　ヘルパーの公務員化については予算規模でたとえれば、現在の消防職員の数24万人が国家公務員であることをイメージいただければ分かりやすい。「24万人」は、偶然ヘルパーの現在の総数でもある。その数の比較から、ヘルパーを公務員への選択が予算的に不可能ではない。在宅介護の現場は緊急事態なのである。

　15分単位の働き方で泣いているのは、日本のヘルパーだけではない。近年、話題になった書籍『アマゾンの倉庫で絶望し、ウーバーの車で発狂した』[3]や、『家族を想うとき』[4]という映画に出てくるイギリスのヘルパーの働き方も同じである。ともに新自由主義的経済路線をとっ

ている国でもある。2012 年のイギリスは、ヘルパーの 56％ が「ゼロ時間契約の労働者」とのデーターである。日本のヘルパーはさらに悪い環境で、アンケートが示しているように、7 割が移動や待機、キャンセルに賃金がついていないまま、介護保険システムはさらに過酷な労働環境を迫っているのである。

おわりに
—— 貧困の放置に歯止めをかける社会に

　筆者は女手で育てられ、「貧困と差別」の人生を送ってきた。貧困とは経済的な貧困だけではない。『豊かさとは何か』[5] に書かれていた「豊かな社会を作り出すために、まず社会保障、社会資本（自然環境を含む）を充実させることであり、それとともに、公共の福祉を守る法、制度を確実なものにすることである。例えば老人、児童、障害者福祉法、労働基準法、住宅基本法—（中略）—社会の共通資本として、物的な条件を整えるとともに、生活の福祉を実現する諸制度が車の両輪として動いている」。これは憲法 25 条に共通する指摘である。

　いま、誰もが人並みの生活を送る自由が保障される民主的な社会をつくるのか、または、人間の暮らしを消費する資本の自由を許す社会を作るのかが同じ民主的といわれる社会のなかで同時に問われている。これは、介護保険のシステムを考えるうえでも同様だとつくづく思うのである。

　これからも過酷な労働環境のなかでのケアの実践が待ち受けている。仕事に鍛えられながら、ケア労働の本質は「人間が人間らしく生き抜くこと」をサポートすることを深めたい。本人らしさという人権を守る実践を理論だて、制度を変えてゆく力をつけること、裁判を継続しながら介護保障を願う当事者として活動することを誓い[6]、本章を終える。

注

1　「世界のヘルパーさんと出会う旅」2009 年、オランダ・デルフトでの調査。
2　Yahoo! ニュース　https://news.yahoo.co.jp/byline/iijinayuko/20200814-0019 3251/ 最終閲覧日、2020 年 8 月 14 日。
3　ジェームズ・ブラッドワース著、濱野大道訳、光文社、2019 年。
4　ケン・ローチ監督、2019 年製作、イギリス・フランス・ベルギー合作。
5　暉峻淑子著、岩波新書、1989 年、p.227。
6　ホームヘルパー国家賠償訴訟ホームページ https://helper-saiban.net/ 最終閲覧日、2020 年 8 月 14 日。

参考文献

暉峻淑子著『豊かさとは何か』岩波新書、1989 年。
河合克義編著『ホームヘルプの公的責任を考える』あけび書房、1998 年。
後藤澄江『ケア労働の配分と協働』東京大学出版会、2012 年。
鈴木静他編『人権としての社会保障』法律文化社、2013 年。
渋谷光美『家庭奉仕員・ホームヘルパーの現代史』生活書院、2014 年。
山口道宏『介護漂流』現代書館、2016 年。
櫻井和代『介護保険が「介護」をつぶす』ピポ・サイエンス出版、2017 年。
「職業としての介護」を問う『女性労働研究』第 62 号、すいれん舎、2018 年。
小竹雅子『総介護社会─介護保険から問い直す─』岩波書店、2018 年。
ジェームズ・ブラッドワース著、濱野大道訳『アマゾンの倉庫で絶望し、ウーバーの車で発狂した』光文社、2019 年。
伊藤周平『消費増税と社会保障改革』ちくま新書、2020 年。

エピローグ

　2020年10月22日、「介護保険法施行規則の一部を改正する省令」改正が強行され、現在要支援で「介護予防・日常生活支援総合事業」を受けている者が、要介護者となっても本事業のサービスを本人の意思で継続し受けることができるとした。

　総合事業は、介護保険サービスとは別の自治体事業であり、サービス提供者はボランティアなどの非専門職等が担うのが一般的である。また、要介護者のケアは、要支援者よりもより専門性の高いサービスが求められるが、本人の希望を重視するとの名目で、介護保険サービスからたやすく外す方向性は筆者としては納得できない。厚生労働省が、本気でこの改正を望んだのであれば、堂々と改正法案を国会に提出し議論すべきであった。法改正を伴わない「省令改正」で実質的にサービス内容の低下を画策するのは、国民からの批判をまともに受ける自信がなかったからであろう。

　日本の中枢にいる官僚は、一体国民の何を見ているのであろうか。2000年代以降の非正規労働者の拡大、経済格差の顕在化、子どもの貧困、コロナ禍での国民生活の疲弊、どれをとっても喫緊の課題である。行政の中枢で、国民の生活保障を計画・具体化する役割を担う官僚が、過去の問題にも、現在の問題にも、目を瞑ることは「大きな罪」である。

　今、菅義偉政権は、国民に「自助・共助・公助」を基本に据えた全世代型社会保障改革を説き、結局死ぬまで自分や家族、地域で助け合ってしかるべき、と圧力をかけ、死にかけてから公が差し伸べるとしている。しかし、ここまでいわゆる「公助」が縮小されてしまえば、果

243

たして国民の命すら守られるのか疑問である。

　実は、本書で述べたかったことはたくさんあったが、文字数の制限のなか、十分には言及できなかった。情勢は刻々と変化することから、執筆途中にも何度もリライトせざるを得なかった。しかし、情勢本の性格上、どこかで折り合いをつけなければ出版できない。読者諸氏にはその点はお詫びしたい。

　さて、出版業界は、若者の活字離れ、他のメディアによる情報収集が容易になったことを受けて、大変厳しい状況にある。しかし、今回、自治体研究社においては、本書の企画を快諾いただいた。また、編集は同社の寺山浩司氏が担ってくださった。この場を借りて感謝する。

　本書が、介護現場で働く皆さん、介護保険を利用する本人・家族、さらに研究者の方々の一助となることを祈念して筆を擱く。

　2020年11月1日

編著者：芝田英昭

執筆者紹介（執筆分担順）

芝田英昭（しばた・ひであき）
立教大学コミュニティ福祉学部教授
1958年福井県生まれ。専門は社会保障論。博士（社会学）。
立命館大学産業社会学部教授を経て2009年より現職。
自治体問題研究所副理事長、埼玉県社会保障推進協議会副会長。
著書等：『医療保険「一部負担」の根拠を追う』自治体研究社、2019年、『新版　基礎から学ぶ社会保障』（編著）自治体研究社、2019年。など

河合克義（かわい・かつよし）
明治学院大学名誉教授
1949年北海道生まれ。専門は地域福祉論。博士（社会学）
明治学院大学教授、明治学院大学副学長、港区政策創造研究所初代所長を歴任。2018年より現職。現在、港区地域保健福祉推進協議会会長、東京都生活協同組合連合会理事、自治労連・地方自治問題研究機構運営委員など
著書等：『大都市のひとり暮らし高齢者と社会的孤立』法律文化社、2009年、『生活分析から政策形成へ—地域調査の設計と分析・活用—』（共著）法律文化社、2017年。など

服部万里子（はっとり・まりこ）
服部メディカル研究所所長、和歌山県立医科大学大学院非常勤講師。
1946年埼玉県生まれ。専門はケアマネジメント論、介護保険論。
城西国際大学福祉経営学部、立教大学コミュニティ福祉学部教授を経て現職。
一般社団日本ケアマネジメント学会理事、社会福祉法人朝日新聞厚生文化事業団理事。
著書等：『最新　図解でわかる介護保険のしくみ』日本実業出版社、1999年、『神経難病の緩和ケア』（共著）南山堂、2019年。など

井口克郎（いのくち・かつろう）
神戸大学大学院人間発達環境学研究科准教授。
1981年石川県生まれ。専門は社会保障論。博士（経済学）。
著書等：『医療・福祉と人権　地域からの発信』（共著）旬報社、2018年、『社会保障レボリューション—いのちの砦・社会保障裁判−』（共著）高菅出版、2017年、『災害復興と居住福祉』（分担執筆）信山社、2012年。など

日下部雅喜（くさかべ・まさき）
大阪きづがわ医療福祉生協ケアプランセンターさくらケアマネジャー、佛教大学社会福祉学部非常勤講師（福祉行財政論）
1956年岐阜県生まれ。大阪府堺市職員を経て現職。
大阪社会保障推進協議会介護保険対策委員長、介護保険料に怒る一揆の会事務局長。
著書等：「『介護保険は詐欺だ』と告発した公務員」日本機関紙出版センター、2016年、

『新版　改定介護保険法と自治体の役割─新総合事業と地域包括ケアシステムへの課題─』（共著）自治体研究社、2016 年、『介護保険は詐欺である』三一書房、2014 年。など

森　周子（もり・ちかこ）
成城大学経済学部准教授
1975 年東京都生まれ。専門はドイツの社会政策・社会保障。博士（社会学）。
佐賀大学経済学部准教授、高崎経済大学地域政策学部教授を経て 2020 年より現職。
主な論文：「メルケル政権下の介護保険制度改革の動向」国立社会保障・人口問題研究所『海外社会保障研究』186 号、2014 年、「介護手当と家族介護─ドイツの動向から考える─」労働政策研究・研修機構『日本労働研究雑誌』719 号、2020 年。など

金　溟垣（キム・ホウォン）
立教大学コミュニティ福祉学研究科研修生
1988 年韓国釜山生まれ。修士（社会福祉学）。
主な論文：「성폭력　수사　경찰관의　인식과　연계경험에　대한　질적　연구（Police Officer's Perception and Collaboration Experiences in the Sexual-Assault Investigation: A Qualitative Approach）」사회과학연구（社会科学研究）53 巻 1 号、2014 年、「日本におけるプラットフォーム労働の現状と課題：集団的交渉システムの構築に向けて」立教大学大学院学位論文（修士）、2019 年。

鈴木森夫（すずき・もりお）
公益社団法人認知症の人と家族の会代表理事
1952 年愛知県生まれ。愛知県立大学卒業。精神保健福祉士。
医療ソーシャルワーカー、特別養護老人ホーム施設長、介護支援専門員として 2017 年まで勤務。2017 年 6 月より現職。
1984 年「家族の会」石川県支部設立に参画し、2015 年「家族の会」本部理事。現在、日本認知症官民協議会実行委員、金城大学非常勤講師。

藤原るか（ふじわら・るか）
ホームヘルパー、介護福祉士。「共に介護を学びあい・励まし合いネットワーク」主宰。
1955 年北海道生まれ、横浜育ち。立正大学二部文学部史学科卒業、神奈川県立保健福祉大学二俣川介護教員養成学校卒業。
1990 年に公務員ヘルパーとなる。介護保険スタート時より民間ヘルパーステーションに移り現在に至る。
著書等：『介護ヘルパーは見た─世にも奇妙な爆笑！老後の事例集─』幻冬舎新書、2012 年、『介護ヘルパーはデリヘルじゃない！─在宅の実態とハラスメント─』幻冬舎新書、2019 年。など

編著者

芝田英昭　　立教大学コミュニティ福祉学部教授

執筆者（執筆分担順）

河合克義　　明治学院大学名誉教授

服部万里子　服部メディカル研究所所長

井口克郎　　神戸大学大学院人間発達環境学研究科准教授

日下部雅喜　大阪きづがわ医療福祉生協ケアプランセンターさくらケアマネ
　　　　　　ジャー

森　周子　　成城大学経済学部准教授

金　淏垣　　立教大学コミュニティ福祉学研究科研修生

鈴木森夫　　公益社団法人認知症の人と家族の会代表理事

藤原るか　　ホームヘルパー、介護福祉士、「共に介護を学びあい・励まし合
　　　　　　いネットワーク」主宰

＊詳しい経歴等は「執筆者紹介」を参照。

検証 介護保険施行 20 年 ― 介護保障は達成できたのか ―

2020 年 12 月 15 日　　初版第 1 刷発行

編著者　芝田英昭

発行者　長平　弘

発行所　㈱自治体研究社
　　　　〒162-8512 東京都新宿区矢来町 123　矢来ビル 4 F
　　　　TEL：03・3235・5941／FAX：03・3235・5933
　　　　http://www.jichiken.jp/
　　　　E-Mail：info@jichiken.jp

ISBN978-4-88037-718-6 C0036　　　　　　印刷・製本／中央精版印刷株式会社
　　　　　　　　　　　　　　　　　　　　　DTP／赤塚　修